A INVASÃO DO DIREITO

A EXPANSÃO JURÍDICA SOBRE O ESTADO, O MERCADO E A MORAL

Júlio Aurélio Vianna Lopes

A INVASÃO DO DIREITO

A EXPANSÃO JURÍDICA SOBRE O ESTADO, O MERCADO E A MORAL

ISBN 85-225-0536-5

Direitos desta edição reservados à
EDITORA FGV
Praia de Botafogo, 190 — 14º andar
22250-900 — Rio de Janeiro, RJ — Brasil
Tels.: 0800-21-7777 — 21-2559-5543
Fax: 21-2559-5532
e-mail: editora@fgv.br — pedidoseditora@fgv.br
web site: www.editora.fgv.br

Impresso no Brasil / *Printed in Brazil*

1ª edição — 2005

Revisão de originais: Sandro Gomes dos Santos

Editoração eletrônica: FA Editoração

Revisão: Aleidis de Beltran e Mauro Pinto de Faria

Capa: Inventum Design

Ficha catalográfica elaborada pela Biblioteca
Mario Henrique Simonsen/FGV

Lopes, Júlio Aurélio Vianna
A invasão do direito: a expansão jurídica sobre o Estado, o mercado e a moral / Júlio Aurélio Vianna Lopes. — Rio de Janeiro : Editora FGV, 2005.
172p.

Inclui bibliografia.

1. Direito. 2. Sociologia jurídica. 3. Direito e economia. 4. Direito e ética. 5. Cidadania. I. Fundação Getulio Vargas. II. Título.

CDD — 340.2

A Edilce Cristine Araújo Leite Vianna Lopes,
porque o amor é um direito cujo exercício
importa no pleno cumprimento do dever de
realização pessoal.

Sumário

Prefácio

MARCELO PEREIRA DE MELLO*

Já há algum tempo a expansão do direito nas diversas dimensões das relações sociais, seja na economia, seja na política, na moral ou, ainda, nos aspectos mais comezinhos do cotidiano das pessoas, nas relações conjugais, familiares, filiais, entre vizinhos, comunitárias, afetivas até, está a exigir dos estudiosos uma, talvez muitas explicações. E eles as têm produzido. O texto que temos em mãos, de Júlio Aurélio Vianna Lopes, se insere neste esforço e soma-se ao trabalho de renomados pensadores dos fenômenos jurídicos e sociais. E no conjunto deles se destaca pela abordagem inovadora e pela ousadia da interpretação. Sua intuição fundamental é a de que a contemporaneidade é marcada pela dissolução progressiva dos limites das esferas do público e do privado, consagrados pela modernidade, recriando uma sociedade caracterizada por interesses difusos em contextos onde se torna impossível identificar ou isolar pessoas e grupos. Num contexto assim delineado, o direito surge como a expressão possível da comunicação entre o indivíduo e a comunidade, entre a intimidade e a publicidade, entre o local e o global. Os problemas de que trata o direito na pós-modernidade, segundo a clas-

* Ex-coordenador e professor do mestrado em ciências jurídicas e sociais da Universidade Federal Fluminense (UFF); coordenador do Grupo de Pesquisa Direito e Sociedade no Programa de Pós-Graduação em Sociologia e Direito (PPGSD/UFF).

sificação de alguns, não têm mais a bases delimitadas pelos departamentos teóricos tradicionais. Relações internacionais, ação empresarial, meio ambiente, gênero, trabalho e moralidade sexual não se acomodam mais nas divisões cognitivas do passado.

Na vaga dos estudos que apontam para o crescimento do direito na contemporaneidade, entre todos aqueles que querem ver neste fenômeno apenas um reflexo da expressão das contradições de interesses situados em outros lugares – na economia, na política e na moral –, o autor identifica na dimensão do "dever ser", da qual nasce o direito, o moto verdadeiro que tem possibilitado a recepção das relações contemporâneas e que as tem permitido avançar em caminhos que os saudosistas não gostam, que os conservadores resistem e contra os quais os revolucionários *dépasser* protestam injuriados.

Resisto, a princípio, em aderir integralmente às argumentações de Júlio Aurélio. Seguramente, porque sou um conservador. Apeguei-me de tal forma à explicação weberiana que dela resisto a me separar. Mas, com igual sinceridade, confesso que após a leitura deste *A invasão do direito* estou tentado a mudar. No seu clássico sobre a sociologia do direito, Weber claramente elege a constituição dos sistemas jurídicos modernos como uma das expressões dos processos de secularização e racionalização da vida no Ocidente. Na interpretação canônica de seu texto, esse processo está vinculado a uma progressiva separação das esferas do mundo da vida, a saber, da economia, da política, da moral e da ciência, todas apartadas do berço comum da crença mágica e da religião. O sistema jurídico ocidental, nos diz, é aquele que nasce junto e ao mesmo tempo enseja a dominação de tipo racional legal. O magnífico esforço de Weber é demonstrar como é possível construir um direito plenamente racionalizado a partir das fontes irracionais da sua tradição ocidental: o patrimonialismo, o oráculo, as ordens religiosas, o militarismo.

A tese de Júlio Aurélio aproveita essa mesma direção, mas num sentido oposto. A contemporaneidade, defende, é marcada por uma refusão, por intermédio do direito, das dimensões do mercado, do Estado, das atividades empresariais, da cidadania, do conjunto das relações sociais, de tudo, enfim, o que a modernidade separou. Nos extremos da interdependência entre indivíduos e coletividades, *urbi et orbi*, ações privadas e as suas conseqüências difusas, surge o direito como expressão possível da intermediação das relações novas, recentíssimas – aguda revanche do dever ser secundarizada pelos teóricos das superestruturas, das determinações econômicas e congêneres.

Não sei, no entanto, se traído pela minha origem de cientista social, ou se traído o Júlio Aurélio pela sua formação na ciência política, um questionamento inevitável dessa invasão do direito, segundo o diagnóstico do autor, nos remete à indagação de seu significado essencial. Que as dimensões do mundo da vida constituídas pelo mercado, pelo Estado e pela moral estão submetidas a um esvaziamento pela expressão regulatória do direito, nosso autor ilustra com erudição e pesquisa exemplar. Mas, me pergunto, esvaziaram-se os conteúdos de poder das instituições estatais e dos agentes econômicos em função desse processo?

Parte da resposta a esta questão pode-se obter somando-se as evidências trazidas pelo autor, Júlio Aurélio, à tese de Niklas Luhmann a respeito da autonomização da esfera jurídica nas sociedades contemporâneas. Quando um sistema participa tão ativamente do estabelecimento de seus próprios limites, de suas próprias tarefas e até da seleção dos seus próprios elementos, torna-se complicado estabelecer parâmetros que nos permitam verificar a eficácia de sua comunicação com o ambiente, isto é, seu poder fático, sem confrontá-lo com os demais subsistemas desse mesmo ambiente. O que quero dizer, em conformidade com Luhmann, é que o código lícito/ilícito do direito pode realmente penetrar nos diversos ambientes do mercado e do Estado porque não é substância de poder ou de dominação. Como o dinheiro, destacado por Marx como elemento nivelador de todas as relações sociais no capitalismo, o direito é linguagem codificada, meio, portanto, da sociedade interdependente, e expressão dos interesses difusos que a caracterizam, segundo a formulação original de Júlio Aurélio.

Direito e dinheiro são, neste sentido, meios técnicos da difusão do sistema político e moral, disputados pelos agentes sociais no mercado de influências e imposição de condutas. Por sua natureza abstrata, pode-se empregá-los em situações as mais diversas e mutantes. Mediante a legislação e a circulação do dinheiro, afirma Luhmann, é possível produzir efeitos políticos com resultados fáticos despregados de seu núcleo central, que por sua vez poderão ser objeto de uma nova comunicação política a partir dos resultados produzidos. As políticas de *welfare* ilustram bem a questão. O sistema jurídico e o dinheiro oferecem, assim, motivos externos para adequação de condutas visando a determinado objetivo, situado fora deles.

Seguramente, toda e qualquer atividade política de natureza estatal depende, nas sociedades contemporâneas, do direito e do dinheiro, embora seus resultados não possam ser integralmente assegurados por eles. Os programas políticos podem deles utilizar-se, e os sobreutilizam na implementação de seus fins, mas nem o direito nem o dinheiro garantem a modificação dos comportamentos dos agentes sociais em acordo estrito com estes mesmos fins. Os insucessos das políticas públicas bem e mal intencionadas estão aí para nos advertir. Modificar o comportamento das pessoas é ação que não se controla com nenhuma tecnologia institucional, nem pelo dinheiro nem pelo direito. Talvez, por isso, esse nosso mundo invadido pelo direito ainda seja um mundo que não prescinde da crítica social.

Prezado leitor-interlocutor, tome este instigante livro de Júlio Aurélio Vianna Lopes como excelente companhia para reflexão.

Prólogo

O direito moderno, filho da política e do mercado, reclama como seus os lugares que ambos, até agora, ocuparam. Se na modernidade o jurídico foi (no mínimo) o nexo entre o político e o econômico ou (no máximo) o contraponto a ambos, na contemporaneidade passa a revelar uma vocação reguladora que a tudo se estende. Não há mais campos reservados à política e ao mercado nos quais o direito deixe de se imiscuir. Mais do que isso: ele **vem deslocando** todas as outras regulações, substituindo-as tão completamente, de modo que todas as relações sociais tendem a se tornar relações jurídicas.

A contemporaneidade assiste à crescente responsabilização jurídica de agentes governamentais, inclusive do mais alto escalão legislativo e executivo. A administração pública se processualiza a ponto de seu funcionamento se pautar mais pelos direitos subjetivos envolvidos que pela orientação política correspondente, fazendo com que programas governamentais se implementem antes como deveres jurídicos do que como políticas públicas. A própria soberania nacional, característica do Estado moderno, cede ante o fortalecimento contemporâneo do direito internacional.

Também assistimos à ampliação da natureza jurídica das operações empresariais, inclusive as meramente contábeis. O incremento tecnológico da produção, suas ofertas de consumo e até a eventual falência ou recuperação das empresas vêm emanando, diretamente, do direito (quando não de puras determinações judiciais), o qual se apresenta como um ordenamento jurídico que abarca o conjunto e a essência das atividades mercantis. Assim, operações até então típicas de mercado advêm agora do direito, pela conversão de normas meramente técnicas em jurídicas.

A cidadania não é mais apenas um fardo carregado pela autoridade do Estado ou lançado sobre a eficiência do mercado. Ela responde pela própria definição (e finalidade) das instituições públicas e empresariais, transformando autoridade e eficiência em simples meios ou garantias jurídicas dos cidadãos.

Também a articulação entre Estado e mercado – mediante a salvaguarda de serviços privatizados pelo primeiro, ou a fiscalização pública do segundo – só admite o direito como nexo adequado para a conjugação de ambos. Desconfiada de quaisquer poderes, político ou econômico, a sociedade prefere o direito, ainda mais quando aqueles se aproximam para a satisfação de bens coletivos ou a observância de padrões de qualidade.

Mesmo relações sociais, tradicionalmente alheias ao direito (e geralmente também à política e ao mercado como regulações), são absorvidas por ele, como a convivência familiar de pais e filhos ou as uniões entre pessoas não-casadas (incluindo as homossexuais). E as novas relações sociais, emergentes do ciberespaço, da engenharia genética e das fontes energéticas alternativas (incluindo sua repercussão ambiental) **já nascem como relações jurídicas**.

Tradicionalmente alheio à moral, o direito contemporâneo dela se aproxima, não para deslocá-la, como vem fazendo com as regulações política e mercantil, mas para fundir-se a ela. Assumindo os valores éticos, únicos, sempre considerados presentes em todas as relações sociais (embora dependentes apenas da convicção íntima dos envolvidos para seu cumprimento), o direito contemporâneo torna equivalentes as noções de bem/mal e lícito/ilícito. Emerge um "direito ético": de fato, uma moralidade abrangente e armada por sanções jurídicas.

Desde o plano internacional, a **proclamação** de direitos experimenta, a partir do final do século XX, uma profusão mais intensa nos tratados e conferências mundiais, tornando-os ingredientes de uma ética simultaneamente global e local. A cidadania é a nova moralidade.

O que estaria impulsionando ou sustentando tamanho crescimento do campo jurídico? O que o estaria lançando sobre âmbitos tipicamente políticos e econômicos, autoridades e empresas? Afinal, se a modernidade tem-se caracterizado pelo direito **como o meio adequado** para a implementação das metas elaboradas pela política e pelo mercado, será um importante sinal de mudança histórica a inversão desta relação; isto é, caso se reconheça a tendência no sentido de **legitimação da política e do mercado exclusivamente como meios para a realização de direitos**, à medida que eles interfiram, respectivamente, ora como manejo das políticas pelas autoridades, ora como "responsabilidade social" pelas empresas.

Introdução

Direito e interdependência

A liberação da bomba atômica mudou tudo,
exceto nosso modo de pensar.
ALBERT EINSTEIN

Creio que o crescimento inusitado do direito, na atualidade, expressa a expansão, historicamente sem paralelo, da **interdependência** como dimensão da sociabilidade contemporânea. Caracterizada pela reciprocidade das dependências (mesmo quando assimétricas) entre os participantes de uma relação social, a interdependência já é um conceito integrante do arcabouço das ciências sociais, as quais reconhecem sua expansão como dotada de natureza determinante para os rumos da contemporaneidade.[1]

Interdependência é o contrário da dependência unilateral, caracterizada pela sujeição ou submissão de um participante a outro da relação social. Como no contexto escravista da Antigüidade e nas servidões que caracterizaram a longa Idade Média, em cujas relações sociais o senhor era o único do qual provinham as ações determinantes das situações de escravos e de servos. Tratava-se de vínculo social mediante uma relação de dependência pessoal de um pólo a outro.

Numa situação de interdependência, as dependências se distribuem entre os envolvidos, os quais, por qualquer fator, dependem todos das ações de cada um, sem que qualquer deles possa se subtrair do contexto comum que os envolve. Interdependência é uma situação em que as condições de vida dos participantes

[1] Morin, 1986:331; Castells, 1987: 87, 111, 123, 124.

estão imbricadas, de modo que as modificações ocorridas em alguma delas repercute sobre as demais. Portanto, há interdependência, não apenas nas situações onde há participantes dependentes de outros, mas quando **suas dependências são recíprocas**, a ponto de que as ações de cada um incidam sobre todos.

Pode-se reconhecer, ainda, que a interdependência é uma dimensão cuja presença na sociabilidade humana é historicamente variável, mas crescente. Assim, considero adequado caracterizá-la em três modalidades.

Numa primeira modalidade, há uma interdependência que se manifesta como **base** das relações sociais. Essa interdependência **nuclear** de qualquer convivência adviria da impossibilidade do *homo sapiens* de sobreviver isoladamente à natureza, o que o impele a estabelecer relações entre si para lidar com ela. Nesse sentido, é uma interdependência que **precederia** a própria sociedade, apresentando-se como necessidade comum e básica para contrair relações sociais de produção. A sexualidade também integra esta modalidade de interdependência pré-social, como impulso que revela a dependência da proximidade de outros, com a constatação da precariedade biológica do humano[2], particularmente evidenciada na "longa infância" de cuidados necessários ao nosso desenvolvimento (distinguindo-nos dos outros animais).

Essa interdependência biológica, embora presente em toda sociedade como força propulsora da condição animal à cultural, nada define sobre a **forma** social específica historicamente adotada, ou seja, ela não importa como paradigma de relações sociais, para cuja definição contribuem outros fatores. Mas é uma interdependência que, além de intrínseca à emergência da cultura como experiência humana, continua presente (e ampliada) enquanto dimensão da sociabilidade, já que, historicamente, tem sido estendida à vida pré-adulta (com a adolescência e a juventude).

Numa segunda modalidade, há uma interdependência **característica da modernidade**, manifestando-se como **conseqüência** das suas relações sociais. Afinal, a sociedade moderna é a sociedade dos indivíduos (e por isso **também** das classes), cuja autonomia proíbe a sujeição pessoal característica da Antigüidade. Tendo o contrato por paradigma, as relações sociais modernas contêm **sujeitos** dotados de **interdependência relativa.**

---

[2] "Se os pais não amassem seus filhos, se as pessoas passassem seu tempo exclusivamente tendo inveja umas das outras, abusando umas das outras, se matando, a espécie humana não teria sobrevivido (...) essa avaliação não visa de modo algum justificar os sofrimentos e reveses da humanidade pelo 'bem' eventualmente obtido. Destina-se apenas a equilibrar a publicidade que se dá ao mal pela consideração de um fato, de um resultado bruto: continuamos presentes" (Lévy, 2003:36).

Nessa interdependência, seus participantes, motivados por interesses essencialmente distintos, têm, necessariamente, suas relações **mediadas.**[3] A mediação é **condição para o próprio estabelecimento** das relações sociais modernas como tais. Isto é, só há relações sociais, na modernidade, quando as pessoas são intermediadas por outras pessoas, por instituições e/ou por coisas (como o dinheiro). Às relações sociais modernas é imprescindível um elemento mediador **externo** aos seus participantes, à medida que eles são livres e, portanto, se vinculam apenas pela reciprocidade de suas dependências. Daí serem compensadas por relações de troca, cuja principal conseqüência é a produção de **externalidades negativas.**

Por externalidades negativas[4] são designadas as conseqüências nocivas de atividades geradas nas relações sociais modernas e descarregadas sobre pessoas alheias a elas. Assim, como exemplos, a inflação é uma externalidade negativa no campo econômico; a poluição é uma externalidade negativa no campo ambiental... Afinal, se as relações sociais modernas envolvem sujeitos livres para contraí-las, eles tendem a deslocar o ônus produzido no relacionamento **para fora** do mesmo, atingindo pessoas alheias, ao invés de assumi-lo. Como não há submissão entre interdependentes, não é razoável que algum ou todos os sujeitos da relação social arquem com suas conseqüências negativas, preferindo **exteriorizá-las.**

Isso acontece porque a sociedade moderna não é interdependente: ela é um conjunto de interdependências espraiadas nas relações sociais que acontecem. Cada relação social moderna é uma interdependência tecida por sujeitos livres – mas relativas apenas a eles! O resto da sociedade não existe **ativamente**, sendo excluído de cada relação social específica, independentemente da extensão de seus participantes. Para eles, o "outro" é somente aquele com o qual se vincula na mesma relação social.

Nada mais inerente, diante das interdependências relativas que constituem a modernidade, que a produção ininterrupta de externalidades negativas, característica dos processos de urbanização, industrialização e internacionalização que a

---

[3] Uma caracterização da modernidade é o efeito constante e crescente que exercem sobre nossas vidas certos eventos e ações distantes (...). O que acontece na economia acontece também em muitas outras esferas da vida; processos de "desentranhamento" e "reentranhamento" ou "desvinculação" e "retroversão" (Giddens e Pierson, 2000:75-76).

[4] De Swann, 1965:127-128.

marcaram. Assim como a interdependência entre sujeitos livres e autônomos não é propícia à absorção – por todos ou alguns deles – dos custos da relação social, também favorece sua externalização para os estranhos a ela, pertencentes a outras relações sociais ou a nenhuma. Descarrega sua nocividade para além deles, porque a relação de interdependência que praticam visa, exatamente, à **sua independência** (ainda que provisória) **da sociedade**. Em suma, interdependências entre os envolvidos e independência em face de todos os demais: o público-alvo de suas externalidades negativas.

As interdependências modernas são **mediatas** por resultarem da espontaneidade de relações sociais entre sujeitos autônomos e apresentarem dois tempos: o de seu estabelecimento (limitado aos participantes) e o de seus efeitos (sobre a sociedade).

É na contemporaneidade que assistimos ao surgimento de uma terceira modalidade de interdependência, agora como **causa** de relações sociais. A interdependência emergente se distinguiria por sua abrangência e profundidade. Abrangente porque se estenderia **ao conjunto** do convívio social (e não a algumas situações de menor ou maior visibilidade); profunda porque as dependências recíprocas que emergem são **diretas**, o que implica o impacto imediato das ações praticadas (pelos envolvidos em relações sociais) não apenas sobre os demais participantes, mas – em virtude da conectividade ampliada – também sobre pessoas alheias a elas e até a **si mesmos**. Está nascendo a sociedade da interdependência.

Se o tempo da modernidade é o dos interesses individuais e coletivos, a contemporaneidade apresenta os interesses **difusos** na sociedade a ponto de não serem identificáveis os grupos a que se referem. Visam à paz, ao equilíbrio ambiental,[5] ao intercâmbio cultural,[6] à moralidade pública,[7] à higiene social,[8] ao desenvolvimento pessoal,[9] à qualidade da vida.[10] Reagem à guerra (especialmente a nuclear), à insustentabilidade ecológica, ao isolamento étnico, à vulnerabilidade informática, às epidemias, ao desemprego estrutural, ao incremento da violência. É uma interdependência que envolve até mesmo as gerações futuras. Advém da globalização, da industrialização intensiva, da megalopolização urbana, da cone-

---

[5] McCormick (1992).
[6] Maffesoli, 1998:11, 23.
[7] Keane (1996).
[8] Garrafa e Costa (2001).
[9] De Masi, 1999:45, 88.
[10] Najmanovich, 2001:21, 29.

xão digital, da engenharia genética, da manipulação energética. São processos contemporâneos que ampliam exigências éticas em níveis global e local, articulando-os, e tornam as externalidades negativas **diretas**, afetando **imediatamente** as pessoas alheias às relações sociais das quais se originam.

Surgem as **internalidades negativas** às próprias relações sociais, cujos ônus são cada vez mais imprevisíveis e **simultâneos aos benefícios** produzidos (como se dá na plantação de transgênicos, no planejamento urbano, na disponibilização de dados pela internet, na produção simbólica das mídias). Uma interdependência que cancela os tempos (online), sincronizando-os, em virtude da imediaticidade das dependências recíprocas que gera, num tempo social único, mas não-linear, pois dotado de várias temporalidades confluentes.[11]

Em contextos de forte interdependência, como os que vêm emergindo na contemporaneidade, a sociedade se fragiliza. Situações como a eclosão do gás *sarin* no metrô de Tóquio, o alvejamento por "balas perdidas" em tiroteios no Rio de Janeiro e ataques terroristas às torres gêmeas nova-iorquinas ou ao transporte coletivo em Madri e Londres revelam que a sociedade interdependente é, eminentemente, vulnerável. Se o risco sempre acompanhou a sociabilidade, com a interdependência ele se tornou imediato.

Essa interdependência constrói uma sociedade nas entranhas da modernidade, já que seu impacto se traduz na própria gênese de relações sociais marcadas por uma interatividade tão ininterrupta e exponencialmente crescente que lhe são inaplicáveis as velhas noções de coletividades delimitáveis (como as sindicais) ou de autonomia individual (como a privacidade). Mas não se trata de eventual prevalência de um público alargado sobre um privado encolhido. Na verdade, é a **dissolução progressiva de ambos** a que assistimos. Enquanto a sociedade moderna correspondeu ao processo histórico de **individuação** e à conseqüente multiplicação de interesses individuais e sua reunião em interesses coletivos, creio que a sociedade (contemporânea) do risco corresponde ao processo histórico em curso de **dividuação** e à decorrente **implosão de interesses** individuais e coletivos em interesses difusos na socialbilidade.

E o que tem o direito com isto? Ora, como aduzem as várias teorias do direito,[12] **relações jurídicas são relações sociais de interdependência**. São vínculos sociais constituídos por uma polaridade que apresenta uma **correspondência** entre, de um lado, um dever jurídico cujo cumprimento se exige e, de outro lado, um

---

[11] Warren, 1997:7, 12.

[12] Kelsen (1986); Pasukanis (1989); Betti (1943).

direito subjetivo cujo exercício lhe é pertinente. Implicam um ao outro e vice-versa, caracterizando dependências recíprocas (interdependência). Jurídico é, assim, o comportamento que exige um comportamento correspondente de outrem.

Daí a constatação de que a interdependência é o hábitat do direito, por ser própria da dinâmica jurídica a atribuição de efeitos ao sujeito (devidos pela infração ou pela observância de norma), **imediatos à sua ação.** Significa que o ideal de todo direito é a prevenção de condutas, à medida que as qualifica **desde a sua prática** com efeitos que lhes são automaticamente atribuídos. Isto é, ainda que, concretamente, a norma jurídica não seja aplicada imediatamente e demore para ser efetivada (ou jamais o seja), **como ideal regulador** o direito se caracteriza pela **previsão de efeitos imediatos aos acontecimentos,** distinguindo-se essencialmente da política e do mercado, nos quais os efeitos pretendidos são **necessariamente posteriores** às ações empreendidas.

Conclui-se, pois, que o direito é a regulação mais adequada à contemporaneidade emergente, em que as interações sociais tendem a ser instantâneas, com o aprofundamento da conectividade entre indivíduos e eventos. Num contexto em que todos os eventos se relacionam imediatamente, não haverá comportamentos que não sejam juridicamente qualificados, pois, como suas repercussões são cada vez mais diretas, o direito vai se revelando como **a regulação mais apropriada à sociedade interdependente** em formação, devido ao seu ideal regulador de efeitos automáticos e **concomitantes às próprias práticas sociais.**

Além da dimensão lógico-teórica, a pertinência entre o direito e a interdependência social se evidencia na própria experiência histórica do fenômeno jurídico. Basta reconhecer que ele floresce diante de contextos interdependentes, de que são exemplos os Dez Mandamentos de Moisés durante a peregrinação libertária dos hebreus; as Doze Tábuas para o convívio romano entre patrícios e plebeus; a liberdade de ofício (exercício do trabalho escolhido) nos burgos da Idade Média; a *speenhamland law* com o nascimento do mercado de trabalho inglês na Revolução Industrial; a celebração de tratados internacionais acerca de ameaças bélicas, como o dos mísseis nucleares na Guerra Fria EUA/URSS; e as convenções sobre meio ambiente surgidas das conferências da ONU.

Sendo efetiva, pois, esta relação de sinergia entre o direito e a interdependência social, o que esperar se ela for, efetivamente, um processo em curso ascendente?

Entre as invenções que abalarão a sociedade na próxima década[13] estão a computação quântica, as redes digitais, a produção "verde", o controle climático,

---

[13] Reportagem de Camila Artoni e Cristina Amorim para a revista *Galileu*, n. 151, p. 43-54, Globo, fev. 2004.

a fusão nuclear, a célula (hidrogênio) combustível, a multiplicação de tecidos, o "atlas" do cérebro, a computação ubíqua e a biocibernética. Ora, são conhecimentos cuja geração e aplicações importarão em **mais** interdependência humana, com riscos que se generalizam pelo manejo dos mesmos.

As pesquisas a seguir exploram como o avanço contemporâneo da interdependência social propicia a aproximação entre o direito e a moral, fortalecendo-os **em detrimento** da política e do mercado, como modalidades de regulação da sociedade.

Parte I

Ousadias jurídicas

Capítulo 1

O direito contra a política

Deve haver engajamento decidido numa única direção e então... veremos.
NAPOLEÃO BONAPARTE

Política como regulação social

Político é o comportamento que **cria** outros, de modo a repercutirem socialmente. É a instituição de comportamentos alheios, com regularidade. Fazer política significa, portanto, fazer com que outros **passem a fazer**, continuamente e com magnitude social, o que não fariam espontaneamente. Ação política é **intervenção política.**[14]

Política sempre é **luta** política, inclusive quando, eventualmente (e raramente), não há adversários. Pois, como é atividade **instituinte** por excelência, defronta-se, inevitavelmente, com a inércia (senão a resistência) daqueles aos quais se dirige, imprimindo-lhes um rumo diverso aos seus comportamentos, produzindo novos acontecimentos de alcance social.[15]

Criadora, a ação política também é **destruidora**. Importa na **destituição** do outro, configurado como objeto imediato (massas e aliados) ou mediato (adver-

---

14 Delgado (1993).
15 Proteger-te contra os inimigos, fazer amigos, vencer, seja pela força seja pela astúcia, tornar-te amado e temido pelo povo, ser seguido e respeitado pelos soldados (...) (Macchiavelli, 1999:65).

sários). Gera relações de poder e, conseqüentemente, de sujeição: dominantes e dominados, ativos e passivos, formuladores e executores.[16]

"Raposa" ou "leão", persuasão ou força, política é a direção conferida aos outros sobre os quais se adquire ou se consolida superioridade.[17] Seja pela hegemonia, com o convencimento através da aceitação de valores, seja pelo uso da força para obtenção da obediência, política é dominação com pretensão de estabilidade, governo **sobre** governados.[18] Mesmo a democracia, em seu ideal de autogoverno, não elide esta distinção, apenas flexibilizando-a.

Própria da política é a polaridade entre *virtú* e *fortuna*. A **fortuna** compreende as circunstâncias em que se faz política, os eventos cujo curso é prévio à intervenção política, a dinâmica alheia à ação política e que, por ser inesgotável, escapa a todo controle.[19] A **virtú** compreende a capacidade de previsão do sujeito político, de antecipação dos resultados que se apresentarão, de reorientação do sentido revelado pela conjuntura.[20]

A normatividade da política, dada sua vocação exploratória de possibilidades, consiste na focalização dos efeitos da ação pelo seu sujeito.[21] Mais arte do possível que ciência do necessário, quando seus efeitos correspondem à intenção do agente, será boa; má, quando não antecipados por ele.[22]

Da distinção maquiaveliana entre **virtú** e **fortuna**,[23] depreende-se, porém, outro elemento essencial para a caracterização da política: ela só é possível quando as conseqüências da ação não incluem seu agente. Virtuosa é a ação que se projeta apenas sobre os eventos fortuitos, sem incluir pessoas alheias ao seu foco

---

16 (...) ciente de que os homens ou se conquistam ou se eliminam (...) (Machiavelli, 1999:64).

17 Precisa, portanto, ser raposa para conhecer as armadilhas e leão para atemorizar os lobos (Macchiavelli, 1999:110).

18 (...) um príncipe sério, amando os homens como desejam eles serem amados e sendo temido pelos homens como deseja ele ser temido (...) (Macchiavelli, 1999:108).

19 Comparo-a a um desses rios impetuosos que, quando se enfurecem, transbordam pelas planícies (...). Assim também se passa com a fortuna; seu poder se manifesta onde não há resistência organizada (...) (Macchiavelli, 1999:143-144).

20 Julgo feliz, também, o que harmoniza sua maneira de agir com as características de cada época, e infeliz aquele cujo modo de proceder discorda dos tempos (Macchiavelli, 1999:144).

21 É preciso agir como seteiros prudentes que, para atingir um ponto contíguo, e cientes da capacidade do arco, miram em altura superior à do ponto escolhido (...) servem-se da mira elevada somente para acertar com segurança o local desejado, muito mais abaixo (Macchiavelli, 1999:55).

22 A prudência encontra-se justamente em conhecer a natureza dos inconvenientes e adotar o menos prejudicial como sendo bom (Macchiavelli, 1999:134).

23 Sem tal ocasião, seus atributos individuais ter-se-iam apagado e sem tais atributos a ocasião ter-lhes-ia sido vã (Macchiavelli, 1999:56).

(principalmente o próprio "virtuoso"). **Só há política onde seu sujeito está subtraído aos resultados imediatos de suas ações.**

Se a política é a produção de dominação como resultado **dirigido** a outrem que não seu sujeito, ele precisa estar alheio ao público-alvo de sua ação. Faz-se política para conduzir alguém, não a si mesmo.

Evidentemente, falo dos resultados **imediatos** da ação política, já que seu resultado **mediato** é o domínio logrado ou frustrado por ela. Bom ou não, isto é, eficiente ou não, é inerente ao sujeito político sua subtração às conseqüências **diretas** de sua ação, para as quais empregou seus recursos organizativos.

O que adviria à política, no entanto, diante de contextos sociais de forte interdependência e interesses difusos, nos quais seja impossível delimitar o público-alvo de suas ações e focalizar o âmbito de seus resultados imediatos, sem atingir situações alheias às intenções de seus sujeitos?

Política e interdependência social

Nos contextos históricos pré-modernos, tecidos por vínculos sociais de dependência pessoal, a política tinha o ambiente mais propício à sua expansão. Afinal, o estabelecimento de relações sociais de sujeição (e mesmo suas contestações) a tornavam tão íntima à sociabilidade que ela sequer se diferenciava das demais práticas sociais.[24]

Como dinâmica social, a Antigüidade também favoreceu concepções e práticas políticas que privilegiam o que se convencionou chamar de seu aspecto **material**: os recursos disponíveis, sua organização e emprego para a luta política.[25] Sua natureza basicamente militar (ou, ao menos, paramilitar) acentuava o que, posteriormente, se denominou como a dimensão do **domínio**: a força que impõe a obediência, com regularidade, na ordem social.[26]

Com a modernidade e a emergência do mercado como dimensão estritamente econômica, a política foi, progressivamente, contida diante de espaços sociais cuja autonomia, em virtude do paradigma moderno da espontaneidade, passou a ser valorizada. Ao tecerem contextos de interdependência relativa, as relações sociais modernas propiciaram importante mutação do fenômeno político.

---

[24] Cerroni, 1993:146-147.
[25] Miguel, 2000:17.
[26] Gramsci (1984).

Em contextos modernos, a operacionalidade da política não poderia se limitar ao aspecto material do domínio, à força como base da obediência, dado que ela, devido à espontaneidade das relações de interdependência relativa da modernidade, implicaria custos exponencialmente crescentes ao poder. Daí a valorização (moderna) da política como **hegemonia**, no sentido de generalização de valores, articulação de alianças e formação da opinião pública.[27]

Favoreceram-se concepções e práticas políticas que ressaltaram sua natureza **relacional**: as conjunturas a serem analisadas, os cenários futuros a serem antecipados, as posições a serem conquistadas.[28] Sem descurar da dimensão da força ou domínio, a política foi se transformando em **iniciativa de hegemonia**, pela construção de valores para a agregação de interesses. Regimes democráticos são invenções institucionais com o objetivo de assegurar o domínio mediante a hegemonia[29] (em contexto pluralista).

A contemporaneidade emergente das relações de interdependência absoluta é o pior ambiente já encontrado pela política como atividade social. Uma sociedade em que o risco se difunde converte qualquer inovação em ameaça, se não catástrofe, potencial. Quando os interesses são difusos, tornando impossível identificar as pessoas ou grupos que os compõem, a ação política não mais pode focalizar suas conseqüências, atingindo **sempre** um público estranho às suas intenções (previsões). Fazer política passa a ser **socialmente** perigoso.

Conseqüências não antecipadas integram a teoria e a prática política,[30] mas e quando elas se apresentam continuamente e em magnitude que extrapole os efeitos pretendidos? Tal situação, típica da interdependência social emergente, reduz a eficiência da política para a condução das inovações socialmente necessárias. A interdependência social cancela a distinção entre **virtú** e **fortuna** maquiavelianas, ao conferir, à própria ação política, custos tendencialmente intoleráveis ao seu sujeito.

Primeiro, porque a generalização de conseqüências não antecipadas, no limite, deprecia os benefícios esperados da ação. E a sustentabilidade de qualquer política fica comprometida diante do permanente insucesso, afetando pessoas alheias ao seu público-alvo. Segundo, porque a política não comporta **retroação.** Isto é, ao estabelecer a *virtú* e a *fortuna* como campos distintos, Maquiavel pressupunha que a ação política não acarretava impacto imediato sobre seu sujeito, cuja

---

[27] Gramsci (1984).
[28] Miguel, 2000:17.
[29] Dahl, 1978:13-17.
[30] Arendt (1987).

intervenção afetava, **diretamente**, apenas as circunstâncias em que operava. Ora, num contexto em que **todos** estão imersos, devido à forte interdependência entre eles, o sujeito fica exposto às conseqüências **imediatas** da ação política. A política não é apropriada, em seus próprios termos, quando seus efeitos **diretos** retroagem sobre seus formuladores.

A seguir, procurarei demonstrar como a política vem revelando sua impropriedade contemporânea diante de interesses difusos, proporcionados pelo avanço da interdependência social e, então, cedendo ao direito no processo. Para tanto, revisitarei os temas centrais da política moderna: a **soberania nacional**, as **políticas públicas** e os **atos políticos** em suas controvérsias recentes.

Soberania nacional versus direito global

Em 16 de outubro de 1998, o general Augusto Pinochet, que convalescia de uma cirurgia num hospital londrino, foi informado de sua prisão, pela polícia metropolitana, mediante pedido de extradição por juízes espanhóis, a fim de ser julgado por "crimes contra a Humanidade" no período em que comandou o regime político chileno, de 1973 a 1990.[31] Acusado e processado, assim, na Grã-Bretanha por agressões, tortura e morte de cidadãos da Espanha, cometidas no território do Chile.

Pinochet estava em solo britânico há dois meses, cumprindo missão oficial como senador vitalício do Estado chileno (cargo atribuído pela própria Constituição de seu país) após deixar, em março daquele ano, o comando de suas Forças Armadas, conforme a pactuação política que caracterizou o processo de democratização no Chile. Os juízes Baltazar Garzon e Manuel Castellon embasaram seu pedido de detenção do general em tipificação penal oriunda do Tribunal Militar Internacional de Nuremberg e na Convenção de Genebra sobre terrorismo.[32]

O embaixador do Chile na Grã-Bretanha, a ex-primeira ministra Thatcher e a jurisprudência britânica ressaltaram a imunidade de Pinochet em solo inglês. A Câmara dos Lordes, alta instância do Parlamento do Reino Unido, exercendo suas prerrogativas judiciais, recusou tais alegações em 25 de novembro do mesmo ano, autorizando o curso do processo extraditório.[33]

---

[31] Informe da BBC News, de 17-10-1998 (news.bbc.co.uk).
[32] Id.
[33] Informe da BBC News, de 25-11-1998 (news.bbc.com.uk).

Ainda que, em virtude da intervenção do secretário de Estado britânico Jack Straw, o general tenha retornado ao Chile, subtraindo-se à conclusão do processo, o "caso Pinochet" é o paradigma[34] da tendência ao deslocamento da política pelo direito, no plano internacional. Afinal, não representou qualquer novidade quanto à elaboração normativa e doutrinária do direito internacional: desde 1975, a Organização das Nações Unidas reconhecera o caráter terrorista do regime autoritário chileno como abrigo de crimes contra a humanidade.[35]

A novidade do caso residia na **superação das fronteiras nacionais** como parâmetros de contenção do direito internacional. Tradicionalmente, sua elaboração e função era (e, em grande medida, ainda é) **complementar** às relações entre os Estados nacionais, relações eminentemente políticas que, portanto, pressupunham o atributo de **soberania** aos mesmos.[36] Isto confere ao direito internacional, como produto das articulações políticas entre Estados nacionais, uma dependência essencial dos seus movimentos **conjunturais**. A própria formulação conceitual de "direitos humanos" (a partir da Declaração Universal de 1948) sempre fora tida como diretamente condicionada pelas realidades nacionais.[37]

Tudo isso foi rompido pelo "caso Pinochet", quando o direito internacional revelou, com visibilidade mundial, uma vocação transfronteiriça **em sua aplicação** como paradigma emergente de um "direito global".[38] Como se chegou a isso? Ora, o "caso Pinochet" não foi um episódio isolado, como atesta a evolução institucional dos "direitos humanos", nos períodos próximos (anterior e posterior) à prisão do general chileno em Londres.

A Carta de Direitos Humanos proveniente da Conferência Internacional de 1993, em Viena, já contrastava com **todas** as declarações anteriores, na própria elaboração conceitual. Nela, os "direitos humanos" são concebidos como **parâmetros aos Estados Nacionais**, os quais não mais condicionavam o exercício daqueles, mas passavam a ter sua soberania delimitada por eles. No plano doutrinário, portanto, os "direitos humanos" já sofriam importante mutação, ao serem

---

[34] "The Pinochet precedent". Relatório de "Humans Rights Watch" (www.hrw.org). Segundo o jornal *El Mercurio* de Santiago (Chile), de 25-7-2004, a suspensão do processo envolvendo o ex-ditador, em virtude de um estado de demência cientificado por laudos médicos, foi problematizada na Corte Suprema do país, pela descoberta de um memorando do executivo Paul Glenn, do Banco Riggs (Washington), revelando movimentações financeiras do general, posteriores ao julgamento, entre 2000 e 2002.

[35] Informe da BBC News, de 25-11-1998 (news.bbc.co.uk).

[36] Verdross, 1967, cap. 1.

[37] Comparato, 1999:209-210.

[38] Expressão do jurista italiano Stefano Rodotá, em entrevista ao jornal *Tribuna do Advogado* da OAB/RJ, de março de 2003.

apresentados como dotados de uma integridade que se afirmaria perante os próprios Estados nacionais. Neste sentido, a **indivisibilidade** dos "direitos humanos" (conceito formulado na Conferência de Viena) [39] os tornou a base do emergente "direito global" transfronteiras.

Além do plano doutrinário, o "direito global" também evidencia sua emergência no plano institucional. Rompendo com uma tradição de ausência de cortes internacionais de justiça ou de sua limitação a determinados fatos (com duração provisória) e após mais de um século de tentativas, foi criado o **Tribunal Penal Internacional**, em 17 de julho de 1998, pelo Estatuto de Roma (onde se deu a respectiva conferência de plenipotenciários das Nações Unidas).[40]

O estatuto (Lei Orgânica do Tribunal) entrou em vigor, formalizando uma "jurisdição universal"[41] sobre o planeta, em 11 de abril de 2002, sem a importante adesão norte-americana. Porém, o nascente Tribunal Penal Internacional, cuja instalação e funcionamento se deu em março de 2004, já foi ratificado em 92 países, estendendo-se por todos os continentes.[42] Pela primeira vez uma corte permanente de justiça passou a operar normalmente no cenário internacional.

A prática da guerra, ação política típica da dimensão internacional, também veio a ser enfocada na ótica jurídica. Como é notório, a guerra travada entre EUA e Iraque **foi justificada** pela existência de armas de destruição em massa, detidas pela autocracia de Saddam Hussein, que estariam sendo ocultadas das inspeções internacionais. Obviamente, não importa se isso corresponde às intenções dos beligerantes, mas **à fundamentação** da declaração de guerra.

Atos políticos (inclusive guerras) têm dois tipos de fundamentos públicos: o ideológico (não circunscrevendo-o ao espectro direita/esquerda, mas à incompatibilidade de valores em qualquer sentido) ou o estratégico (para a maximização de recursos perante outrem, inclusive do espaço nacional, no caso dos Estados). Ora, ainda que o motivo real da confrontação fosse o choque cultural entre Ocidente e Oriente ou a ampliação dos interesses norte-americanos no mundo árabe, a guerra ao Iraque em 2003 foi justificada mediante **fundamento de tipo jurídico**:

---

[39] Dias e Mendez (1999).

[40] Araújo, 2000:143, 152.

[41] A expressão é do relatório "The Pinochet precedent", produzido pela "Humans Rights Watch" (seção "What is universal jurisdiction?"), encontrado em: <www.hrw.org>.

[42] Home page da International Criminal Court (ICC) em: <www.icc-cpi.int>. O governo norte-americano solicitou do Conselho de Segurança da ONU isenção de suas tropas no Iraque de eventuais processos no Tribunal Penal Internacional, pela tortura de prisioneiros. Matéria do *New York Times*, "U.N. says Abu Ghraib abuse could constitute war crime", 4-6-2004.

um fato concreto a ser investigado, como uma medida cautelar e excepcional para **garantir um processo investigatório** (já instaurado anteriormente pela ONU).

Jurídica também foi a natureza do debate sobre essa guerra, o que nunca ocorrera antes com qualquer outra (inclusive a travada anteriormente entre EUA e Iraque em 1991), nos próprios países que comandaram a ofensiva. Neles, instituições judiciais ou parajudiciais consistiram em instâncias de discussão sobre a licitude da guerra: a suposta detenção de armas de destruição em massa pelo governo iraquiano deposto.

Nos EUA, foi produzido um relatório apontando "armas ilícitas" no Iraque, pelo inspetor Charles A. Duelfer, e debatido a partir de duas comissões do Senado, como justificativa para a ofensiva militar. Um ano depois da mesma (abril de 2004), o Senado americano continuava (exercendo suas funções judiciais sobre questões de segurança nacional) como palco do debate acerca do arsenal iraquiano não encontrado durante a ocupação do seu território.[43]

No Reino Unido, o ataque foi justificado num dossiê da inteligência britânica (setembro de 2002) que considerava o regime iraquiano capaz de acionar um arsenal destrutivo em 45 minutos. O primeiro-ministro Tony Blair foi julgado da acusação de adulterar os fatos para fundamentar a guerra, pela Corte Real de Justiça em agosto de 2003 e por uma comissão investigadora do Parlamento (Comissão Hutton) em janeiro de 2004, no rastro do suicídio do cientista David Kelly (fonte das críticas ao relatório governamental).

Importa destacar que apenas dois chefes de governo britânico, em toda a história do país, foram questionados judicialmente deste modo: Tony Blair, como já exposto, e seu antecessor imediato, John Major, em 1994, durante sindicância também referente a vendas ilegais (segundo o direito internacional) de armas ao

---

[43] Matéria de Douglas Jehl no jornal *New York Times*, "Senate panels to get new Iraq weapons report", de 30-3-2004, seção A, p. 12, última edição e "Congress to open hearings on Iraq policy" pela agência Associate Press, de 20-4-2004 no site <www.nytimes.com>. O jornal *The Washington Post* revelou, em 5-6-2003, supostas tentativas de influência do vice-presidente Dick Cheney sobre a confecção dos relatórios da CIA, em suas visitas à mesma. Editorial de 4-6-2004 do *New York Times* associou a renúncia do diretor da CIA, George Tenet, às críticas advindas do relatório da comissão de investigação (principalmente dos órgãos de segurança) formada após o atentado de 11-9-2001, que concluiu pela responsabilidade (com reflexos indenizatórios para os parentes das vítimas) da política de segurança nacional por falhas graves na operação e apresentou provas de ausência de ligação entre Saddam Hussein e a Al-Qaeda, ressaltadas por editorial do *New York Times* de 17-6-2004. Outra comissão investigatória, formada com independência dos partidos, governo e Congresso, chegou às mesmas conclusões, propondo a criação de uma instituição independente e superior ao Pentágono para evitar as falhas que permitiram o seqüestro dos aviões comerciais lançados sobre o World Trade Center, matando cerca de 3 mil pessoas, segundo matéria de Phil Shennon no *New York Times* de 17-7-2004.

governo de Saddam Hussein.[44] Em janeiro de 2004, pesquisa do jornal *London Evening Standard* revelava que 70% da população preferia uma investigação por uma comissão independente (em detrimento, portanto, da Comissão Hutton) dos fatos que levaram o Reino Unido a invadir o Iraque.[45]

O direito vem se imiscuindo inclusive na circulação de pessoas no plano internacional, outro aspecto intrínseco da soberania estatal. Numa das mais conhecidas situações-limite – a construção do muro de vedação à circulação de palestinos na área da Cisjordânia pelo governo israelense – o Supremo Tribunal do país foi instado por habitantes, inclusive judeus, de localidades próximas à linha de demarcação. A partir de fevereiro/março de 2004, a Corte avocou o tema da legalidade do traçado da barreira de separação, o que a levou a suspender os trabalhos, pelo governo de Israel, sobre os contornos da cerca protetora.[46]

Com o anúncio, pelas autoridades norte-americanas, das exigências de identificação fotográfica e digital dos visitantes provenientes de várias nacionalidades, entre as quais o Brasil – a partir de 5 de janeiro de 2004 –, o juiz Julier Sebastião da Silva determinou que as mesmas medidas de segurança se aplicariam, no país, aos visitantes provenientes dos EUA. O juiz brasileiro invocou o princípio jurídico (de direito internacional) da reciprocidade para justificar o fichamento dos visitantes americanos, interferindo, deste modo, nas relações Brasil-EUA.[47]

A administração da cidade do Rio de Janeiro (um dos principais focos turísticos do país) e a embaixadora norte-americana no Brasil protestaram contra o que consideraram indevida interferência judicial em assunto de natureza política. O governo brasileiro, mesmo não considerando politicamente inconveniente a imposição das medidas aos visitantes norte-americanos, também questionou a sentença judicial, por considerar que a competência para tal decisão residiria, segundo os cânones tradicionais da soberania nacional, no presidente da República, como chefe do Estado nacional brasileiro.[48]

---

[44] Matéria de Dominic Evans e Janet McBride, divulgada pela agência Reuters, em 28-8-2003 e o informe da BBC News ("Papers sense Hutton fatigue") de 6-2-2004 em <http://news.bbc.co.uk>.

[45] Pesquisa de opinião do *London Evening Standard*, de 29-1-2004.

[46] Matéria do jornal *O Globo*, "Legalidade de muro é julgada por Suprema Corte de Israel", de 10-2-2004, p. 28 e do *Publiconline*, "Supremo Tribunal israelita suspende construção de parte do muro", divulgado em 1-3-2004 no site <www.jornal.publico.pt>.

[47] Matéria de Larry Rother, "Brazil jails American Airlines pilot fingerprinting snub", no *New York Times* de 15-1-2004, seção A, p. 6, última edição, sobre prisão de piloto americano por desacato à fiscalização pelas autoridades brasileiras no aeroporto de São Paulo; e matéria de Josias de Souza na *Folha de S. Paulo*, "Juiz ordena identificação de turista dos EUA", de 30-12-2003.

[48] Matéria do *Jornal do Brasil*, "União recorre, fichamento continua", de 16-1-2004.

Pelo exposto, portanto, postulo que, ao lado do tradicional direito internacional, que funciona como um ordenamento jurídico expressivo das relações entre Estados soberanos, emerge um "direito global". Este difere do direito internacional por **sobrepujar a soberania nacional** (dimensão essencial da política no cenário exterior) em três pontos:

- aplicação além das fronteiras nacionais;
- incidência sobre a prática da guerra;
- coordenação da circulação entre pessoas.

Nesse sentido, o direito global emergente revela uma tendência à progressiva juridificação das relações internacionais entre estados-nação, à medida que o direito nelas se insere em oposição à política.

Políticas públicas versus direitos subjetivos públicos

A evolução das instituições especializadas na projeção de critérios jurídicos sobre as políticas públicas vem revelando, na interface que realizam entre direito e política, que aquele vai, progressivamente, avançando em detrimento desta última, como método de regulação, quando se trata de interesses difusos. Ou seja, à medida que tanto os custos quanto os benefícios das políticas são difusos, o direito amplia seu âmbito ao se fortalecer nas instâncias públicas de regulação das situações de interdependência social crescente.

O impacto dos interesses difusos na dinâmica das instituições nas quais direito e política coabitam como regulações imprimiu-lhes uma ampliação de sua relevância e, até mesmo, uma mudança de sentido, com o jurídico prevalecendo sobre o político. Tais alargamento e renovação institucionais são perceptíveis nas agências reguladoras, nos *ombudsman* e nos tribunais constitucionais, desde o fim dos anos 1980 (principalmente a partir dos meados dos anos 1990) até hoje.

A profusão das agências reguladoras

Como modelo tipicamente norte-americano, as agências reguladoras consistem, originalmente, em instituições especializadas em determinadas políticas públicas (de cunho regulador) e dotadas de autonomia estrutural (administrativa e orçamentária).[49] Correspondiam à inspiração liberal de descentralização do Esta-

[49] Dutra (1999).

do como prevenção de abusos pelo poder público e como instâncias externas à administração pública direta, para acesso dos cidadãos. Neste sentido, compreendiam agências institucionais de vocalização para interesses de pouca visibilidade pública e, portanto, condizentes com uma dinâmica pluralista no Estado.

Mesmo nos EUA, tanto em nível federal quanto estadual, as agências discrepavam bastante quanto à própria formulação de políticas reguladoras, as quais significavam ora estabelecimento de padrões (geralmente científicos), ora fiscalização dos padrões estabelecidos por outras instâncias, ora arbitramento de conflitos sobre o estabelecimento de padrões ou seu cumprimento, ora ratificação de contratos públicos, ora uma combinação de tudo isso. Desde logo, porém, sua instituição já se justificava para o tratamento de interesses difusos: o meio ambiente (EPA), a segurança no tráfego aéreo (FAA), a disseminação de drogas (DEA).[50]

Impulsionadas, inicialmente, pela sensibilidade ecológica (cuja intensificação ocorreu no fim do século passado),[51] as agências reguladoras se multiplicaram nos EUA e se estenderam aos países europeus, até então refratários a esse modelo regulador, que não se sintonizava com suas tradições unitárias de Estado.[52] Os 50 estados norte-americanos dispõem, hoje, de agências nos moldes da federal (EPA)[53] e a questão ambiental também legitima agências federais voltadas a outros interesses difusos, como a saúde (através da ESH)[54] e o suprimento energético (através da Eren[55] e a ATSDR[56]).

Além da Grã-Bretanha, a Áustria, a Bélgica, a Austrália, a Dinamarca, a República Tcheca, a Finlândia, a França, a Alemanha, a Irlanda, a Estônia, a Noruega, a Polônia, a Suécia e a Suíça possuem equivalentes européias da EPA norte-americana (à qual também corresponde o EIEV – Instituto Ambiental da União Européia)[57] . **Fora do eixo europeu**, Canadá, Nova Zelândia, Hong-Kong, Japão,

---

50 Constantes da relação de agências reguladoras federais no site <www.icsd.k12.ny.us>, da biblioteca virtual do Departamento de Estado norte-americano.

51 Lopes, 1994:1-4.

52 Arnt, 2002:42-46.

53 Relação fornecida pela EPA (Environment Protection Agency) no site <www.rmis.rmfamily.com/bb/agencyepa.php>.

54 A ESH (Environment, Safety and Health) consta da relação de agências federais apresentadas pelo Departamento de Estado norte-americano (www.icsd.k12.ny.us).

55 A Eren (Environment Efficiency and Renewable Energy) consta da relação indicada acima. A visibilidade pública deste tipo de agência, diante dos blecautes que têm assolado o território norte-americano, desde 2002, se evidencia na matéria de Richard-Pérez-Peña no *New York Times*, seção A, p. 16, última edição, de 6-4-2004 ("Utility could have halted 3 blackout, panel says").

56 A ATSDR (Agency for toxic substances and disease registry) consta do site da EPA, <www.rmis.rmfamily.com/db/agencyepa.php>.

57 As congêneres da EPA nestes países constam do site acima.

Malásia, Filipinas, Taiwan e Tailândia apresentam agências análogas, em estrutura e funções, à instituição norte-americana.[58]

É no cenário europeu que as agências reguladoras se multiplicam como instâncias de normatização dos vários interesses difusos. Com o aprofundamento da unificação continental e a configuração do mercado comum, na década de 1990, surgiu a maioria das agências reguladoras (comunitárias) européias, a partir da decisão do Conselho Europeu, de 29 de outubro de 1993, que determinou a sede de sete agências (algumas já criadas anteriormente).[59]

Nesse sentido, a União Européia generalizou o modelo das agências independentes, exercendo funções reguladoras de cumprimento das normas comunitárias: as agências européias de segurança marítima, de segurança da aviação, de avaliação dos medicamentos, a autoridade européia para a segurança dos alimentos e os institutos comunitários das variedades vegetais e de harmonização do mercado interno.[60] Além desses interesses difusos, a saúde ocupacional é objeto da Occupational Safety and Health Administration (Osha),[61] com similar norte-americano; e o manejo nuclear pela Euratom Supply Agency (ESA), a primeira agência independente (inclusive com autonomia financeira) européia, criada em 1960 e cujas amplas atribuições reguladoras (alcançando até a validade de contratos na União Européia) já foram reconhecidas pelos tribunais, desde 1997.[62]

A América Latina, tão historicamente refratária ao modelo das agências reguladoras independentes perante os poderes de Estado (principalmente o Executivo) quanto a Europa, também se tornou receptiva a essa experiência institucional para lidar com a emergência de interesses difusos.

Assim, a peruana Superintendencia Nacional de Servicios de Saneamiento (Sunass) foi criada em dezembro de 1992 e consolidada, como instância autônoma e de amplas funções reguladoras do abastecimento e tratamento dos recursos hídricos, em 2000/2001.[63] É, hoje, responsável pelas regras, sua verificação, apli-

---

[58] As congêneres da EPA constam no site <www.rmis.rmfamily.com/db/agencyepa.php>.

[59] Histórico das agências da Comunidade Européia no site <www.europa.eu.int>, da União Européia.

[60] Agências elencadas pelo site <www.europa.eu.int> (União Européia) como facilitadoras do funcionamento do mercado (comum) interno.

[61] Agência listada no site acima entre as de "promoção do diálogo social em nível europeu", juntamente com o Centro Europeu para o desenvolvimento da formação profissional e a Fundação Européia para a melhoria das condições de vida e trabalho. Destaquei a Osha de ambas, pelo fato de elas não exercerem funções reguladoras, sendo, portanto, alheias ao tema.

[62] Informações constantes da exposição da União Européia (europa.eu.int) sobre as finalidades da ESA.

[63] Decreto Ley 25.965, publicado em 19-12-1992; Ley Marco de Los organismos reguladores de la inversíon privada en los servicios publicos (nº 27.332), publicada em 29-7-2000; Decretos Supremos 017-2001-PCM/023-2002-PCM ("aprueban/modifican el reglamento general de la Sunass"), publicados, respectivamente, em 21-2-2001 e 4-4-2002 no diário oficial *El Peruano*.

cação de sanções, fixação das tarifas, solução das controvérsias e veiculação de reclamações dos usuários.[64]

Ausentes da Constituição brasileira de 1988, as agências reguladoras passaram a integrar sua ordem institucional, a partir de 1996, com a Agência Nacional de Energia Elétrica (Aneel), Agência Nacional das Telecomunicações (Anatel), Agência Nacional do Petróleo (ANP), Agência Nacional da Vigilância Sanitária (Anvisa), Agência Nacional de Saúde (ANS), Agência Nacional de Águas (ANA), Agência Nacional de Transportes Terrestres (ANTT), Agência Nacional de Transporte Aquaviário (Antaq) e Agência Nacional de Cinema (Ancine).[65] Também foi reestruturada (2002) para lhe conferir autonomia institucional no modelo de agência reguladora independente a tradicional Comissão de Valores Mobiliários (CVM), até então mera instituição auxiliar do Banco Central e do Ministério da Fazenda.[66]

A ruptura com a tradição institucional latino-americana, trazida pela introdução das agências reguladoras independentes, é ainda maior que a da institucionalidade européia. Característica das agências brasileiras é, tal como a peruana, a plenitude das funções reguladoras, incluindo até a responsabilidade pela celebração dos contratos cujo objeto seja o interesse difuso em que se especializam.[67] Em maio de 2003, durante conflito aberto entre o Ministério das Comunicações e a Anatel sobre reajuste de tarifas telefônicas, veio a lume documento do governo federal brasileiro propugnando reformas que submetessem **todas** as agências, então em funcionamento no país, a um Poder Executivo que reconhecia não controlá-las.[68]

Apesar das discrepâncias que as agências reguladoras apresentem, em cada país (e nos casos norte-americano e brasileiro, em cada região do país),[69] sua adoção como modelo de regulação das políticas públicas implica maior sujeição das mesmas à lógica jurídica. Na dimensão estrutural, as agências, assim como os tribunais, se compõem de colegiados detentores de estabilidade (manda-

---

[64] Funções da Sunass expostas no site <www.sunass.gob.pe>, no qual também consta o Trass (Tribunal Administrativo de Resolución de Reclamos) como órgão interno da agência.

[65] Boschi e Lima, 2003:214-216.

[66] Para contrastar o modelo anterior da CVM com o de agência independente (principalmente com a sua congênere francesa correspondente), ver Alvarez, 1993.

[67] Souto, 2001:443-445.

[68] Matéria de Ilmar Franco "Regulando as agências" no jornal *O Globo*, de 21-5-2003.

[69] O site da Abar (www.abar.org.br) – Associação Brasileira de Agências Reguladoras – elenca sua presença regional em 16 estados e no Distrito Federal. Alguns, como São Paulo e Mato Grosso do Sul, com duas instituições.

tos definidos). Na dimensão funcional, as agências atuam como operadoras do direito (especializado), de modo que seus regulamentos e fiscalizações visam ao cumprimento de normas técnicas e jurídicas (inclusive constitucionais e administrativas) ambientais, urbanísticas, sanitárias, trabalhistas, econômicas e/ou outras.

Como tanto os benefícios quanto os custos da preservação (e da fruição) dos bens pelos quais as agências se responsabilizam são (ambos) difusos, sua regulação é uma tarefa cada vez mais jurídica ao invés de política. A resistência às agências reguladoras provém, naturalmente, de decisores políticos que vêm sendo, progressivamente, marginalizados.

De fato, a implementação de programas sociais depende de critérios políticos, diante de bens sociais **cujo benefício e/ou custo é concentrado** num grupo (minoritário ou majoritário). Quando **ambos** são difusos, reconhece-se que o conflito pelo controle da política pública se fragmenta.[70] Acrescento apenas que ele **cede ao direito** sua regulação.

Talvez a novidade **histórica** (e institucionalmente mais significativa) das agências reguladoras ainda precise ser demarcada quanto à tradição do estado de direito (e não só liberal): nelas, não há divisão de funções legislativa, executiva e judicial, mas **a sua fusão** numa mesma instância. Uma fusão na qual os aspectos legislativo e executivo se subordinam ao judicial. Afinal, seus regulamentos (as normas que formulam) e as medidas que executam (inclusive quando de ofício) visam, precisamente, a implementação da legislação que as criou e/ou da disciplina jurídica especializada no objeto de suas atividades. Agências reguladoras existem, essencialmente, para o monitoramento e, portanto, a observância de padrões científicos de qualidade, **tornando-os** jurídicos.

A mutação do ombudsman

Com origem na Suécia, em 1809, uma instituição de acesso a queixas da população sobre seus direitos, traduzindo-os para a administração pública, foi adotada, inicialmente, apenas por outros Estados escandinavos: Finlândia (1919), Dinamarca (1955) e Noruega (1962). É a partir da década de 1960 que o *ombuds-*

---

[70] Wilson, 1980:357, 394.

man extrapola a Escandinávia, disseminando-se, principalmente, pelos demais Estados europeus.[71]

A adoção européia do *ombudsman* revelou a afinidade da instituição com a tradição parlamentarista do continente, cujos Estados se organizam pelo Poder Legislativo como eixo dos demais (especialmente do Executivo). Deste modo, o *ombudsman* foi recepcionado, pela institucionalidade e cultura política européia, como órgão auxiliar do Legislativo (tradicionalmente o foco da vontade nacional ou popular) para o controle da administração pública. O *ombudsman* conferia visibilidade, principalmente aos decisores políticos, às falhas da máquina administrativa e, conseqüentemente, aos anseios da população relacionados com elas.[72]

Porém, a emergência dos interesses difusos, a partir de fins de 1980 e durante a década de 1990, encontrou no *ombudsman* um veículo para sua expressão. Assim, a instituição do *ombudsman* transitou, progressivamente, do papel de linha auxiliar do Legislativo, em seu monitoramento da máquina executiva, para um papel de vocalizador de interesses difusos da opinião pública. Essa vocalização, seguida de maior equipamento do *ombudsman*, como instituição, aponta para sua independência perante o Estado (embora integrando-o) enquanto agência de projeção da cidadania.

Atualmente, o *ombudsman* funciona como instância de projeção dos direitos dos cidadãos sobre as políticas públicas, o que tem se refletido até em suas designações: o protetor dos direitos civis (Polônia), o procurador para defesa dos direitos humanos (El Salvador), o defensor cívico (em regiões italianas), o defensor do povo (Espanha/Argentina/Irlanda), o protetor público (África do Sul), o provedor de justiça (Portugal), o comissário parlamentar dos direitos humanos (Hungria).

Por outro lado, enquanto alguns Estados adotam o *ombudsman* como instituição vinculada à cidadania em geral, outros o restringem a certas regiões (a maioria das províncias canadenses) ou a determinados interesses difusos (o *ombudsman* do consumidor finlandês, ao lado de um *ombudsman* parlamentar). Porém, são faculdades de todas as instituições: a investigação da administração pública quanto à legalidade; a crítica, mediante recomendações aos administra-

---

[71] Seção "História e desenvolvimento" da página do Instituto Internacional do Ombudsman, sediado na Faculdade de Direito da Universidade de Alberta (www.law.ualberta.ca), desde 1978 congregando diversos "ombudsman" de setor público pelo mundo.

[72] Seção "Antecedentes históricos da instituição" no site <www.defensor.gov.ar> do *jornal Defensor del Pueblo* argentino.

dores; e a informação ao público de suas investigações. Sua independência institucional integra **hoje** a própria concepção de *ombudsman*.[73]

Assim como as agências reguladoras independentes deixaram de ser norte-americanas, o *ombudsman* deixou de ser europeu. Em 1983, havia 21 países com a instituição em nível nacional e seis países que a adotavam em nível regional.[74] Em 2003, o *ombudsman* já era presente em mais de 90 países[75] (quadruplicando durante esses 20 anos), sendo encontrado em todos os continentes. A evolução institucional fica ainda mais evidente com sua inserção nos EUA e em países latino-americanos, bem como seu fortalecimento em países europeus.

A cultura cívica norte-americana, tradicionalmente refratária ao *ombudsman*, inexistente em nível federal, vem-se abrindo à instituição, a qual se encontra nos estados do Alasca, Iowa e Minnesota. Há, ainda, forte disseminação ideológica do *ombudsman* em parcela da cultura empresarial (para relação com consumidores), no meio acadêmico (Universidade do Colorado) e uma associação nacional divulga, desde 1997, um modelo para criação da instituição pelos estados-membros do país.[76]

Na Argentina, um *defensor del pueblo* foi criado em 1993, funcionando a partir de 1994. Embora localizado no âmbito do Poder Legislativo, é dotado de prerrogativas de independência institucional[77] e entre suas atuações, de 17 de outubro de 1994 a 31 de dezembro de 2000,[78] se destacam: a provisão de medicamentos a pessoas com HIV/Aids, a renegociação de contratos sobre obras e serviços públicos, a instalação de um banheiro público para pessoas com deficiência física (em Gualeguachú, província de Entre Rios), representação contra aumento de tarifas, investigação de irregularidades na cooperativa telefônica de Palpalá (Jujuy). Enfim, **todas** as atuações elencadas se referem aos interesses difusos da população argentina.

---

[73] Seção "Conceito e organização" do *ombudsman* do estado de Ontario (Canadá) o qualifica como "independent of the government and political parties" (www.ombudsman.on.ca).

[74] Dados sobre o desenvolvimento do *ombudsman* do setor público, do Instituto Internacional do Ombudsman (www.law.ualberta.ca).

[75] Id.

[76] Dados divulgados (inclusive com os respectivos sites de *ombudsman* norte-americano e de associações dedicadas ao seu estabelecimento e fortalecimento) por Misa Kelly, *ombudsman* da Universidade de Santa Bárbara (Califórnia), vertidos por João Elias de Oliveira no site <www.abonacional.org.br>, da Associação Brasileira do Ombudsman.

[77] Arts. 43 e 86 da Constituição Nacional, Lei nº 24.284 (modificada pela Lei nº 24.379).

[78] Seção "Informes de atuações" no site <www.defensor.gov.ar> do jornal *Defensor del Pueblo* argentino.

As reclamações recebidas pela instituição, por temas,[79] se concentram na administração econômica, financeira, tributária e em usuários de serviços públicos (41% das queixas); e na administração de emprego e seguridade social (32% das queixas). Tais dados a evidenciam como instância de projeção de direitos de cidadania sobre as políticas públicas governamentais. Ademais, uma característica do *ombudsman* argentino é a sua faculdade de requerer a intervenção do Judiciário,[80] indo, eventualmente, além das recomendações aos administradores e aos legisladores.

O *ombudsman* brasileiro é o que mais dispõe de instrumentos de atuação, através do recurso ao Judiciário ou mesmo de meios coercitivos próprios (inquéritos civis públicos, controle externo da polícia criminal), efetivamente não se limitando a meras recomendações às autoridades. Isso ocorre porque o Ministério Público brasileiro foi transformado, em 1988, no seu *ombudsman*.[81]

Ao Ministério Público brasileiro, instituição tradicionalmente vinculada à advocacia do Poder Executivo, e que jamais tivera sequer autonomia organizativa, foi conferida uma independência funcional e orçamentária equivalente à de um poder de Estado. Foi transformado num forte "contrapoder" oficial, destoando-o de todos os seus congêneres internacionais.[82] Durante o processo decisório da constitucionalização democrática do Estado brasileiro, ao invés da criação de um *ombudsman* em separado, foram atribuídas suas funções a uma instituição já equipada com instrumentos de investigação.[83] Isto refundou a instituição brasileira, tornando-a incomparável, seja em relação a qualquer tipo de *ombudsman* ou de Ministério Público estrangeiro.

O resultado prático foi um Ministério Público com altíssima veiculação de demandas coletivas de cidadania, nos diversos campos, principalmente no controle das políticas públicas governamentais.[84] A independência da instituição é

---

79 Dados estatísticos de 17-10-1994 a 31-12-2000 na seção "Informes de atuações" do site <www.defensor.gov.ar>.

80 Art. 25 da Lei nº 24.284 (modificada pela Lei nº 24.379) de dezembro de 1993.

81 Arts. 127 a 130 da Constituição Federal (especialmente 129, II). Tradicionalmente, trata-se de um órgão do Estado imbuído da fiscalização da legalidade em geral e não da defesa de determinados interesses sociais (por mais amplos que sejam). Vincula-se ao interesse público do estado de direito no cumprimento das leis (quaisquer que sejam e não apenas as protetoras da cidadania), variando sua designação, ora como *ministére public* (França), ora como *attorney general* (EUA).

82 Lopes (2000). O capítulo 2 apresenta minuciosa comparação institucional entre o modelo brasileiro e os adotados nos principais países ocidentais.

83 Lopes (2000). O capítulo 3 reconstrói os debates sobre criação de *ombudsman* e fortalecimento do Ministério Público, durante a elaboração da nova Constituição brasileira.

84 Lopes (2000), cap. 4; e Vianna (2003).

atestada pela reiterada preocupação das autoridades com suas amplas prerrogativas de atuação.[85]

No continente europeu, o *ombudsman* foi estendido aos países do Leste, mesmo antes de sua incorporação ao mercado comum, como o *ombudsman* de direitos humanos (Eslovênia). Nos Estados alemão e britânico, não houve evolução significativa do *ombudsman*, permanecendo como função auxiliar do Parlamento. No caso alemão, há um *ombudsman* para a administração pública civil (*der petitionsausschus*) e um outro para o controle das Forças Armadas, instalado em 1956 por reforma constitucional. Em 1990, uma emenda permitiu que o cargo fosse ocupado por pessoa que sequer tivesse prestado o serviço militar. Em 1995, Claire Marienfeld foi a primeira mulher a ocupar o cargo.[86]

A Itália continua sem *ombudsman* nacional, mas conta com vários *difensores cívicos* regionais, coordenados pelo titular da região da Toscana.[87] E a Irlanda do Norte, destoando dos vários *ombudsman* do Reino Unido (apesar de integrá-lo), tem uma instituição cujo âmbito de fiscalização inclui o serviço público de saúde.[88]

A trajetória do *ombudsman* francês reproduz, em termos nacionais, a evolução histórica deste tipo de instituição no plano internacional. Criado em 1973, o *mediateur de la république*, conforme revela sua designação, era mero órgão de captação de informações e de apoio ao Parlamento no controle da administração pública. Visava, explicitamente, apenas a melhorar a relação entre administradores e administrados.[89] Em 1976, uma lei detalhou seu funcionamento, principalmente quanto à recomendação de melhorias administrativas.

A partir do final dos anos 1980, o *mediateur* foi objeto de aperfeiçoamentos estruturais que realizaram verdadeira mutação para um papel de defesa da cidadania. Lei de janeiro de 1989 determinou explicitamente a independência da instituição. Em fevereiro de 1992, uma lei de orientação ampliou suas atribuições em prol de vítimas da exclusão social, entidades sem fim lucrativo e quaisquer categorias incapazes de fazerem valer seus direitos. E, em abril de 2000, a lei de direi-

---

[85] Matéria de Paulo de Tarso Lyra e Luiz Orlando Carneiro, "Bastos cobra controle externo do MP" no *Jornal do Brasil*, de 2-4-2004 (A3) sobre declarações do ministro da Justiça.

[86] Informações sobre o "desenvolvimento histórico" do Comissário Parlamentar para as Forças Armadas, no site <www.bundestag.de> do Parlamento alemão.

[87] Ver <www.consiglio.regione.toscana.it/difensore>.

[88] Trata-se do "Parlamentary and Health Service Ombudsman", dirigido por Ann Abraham, desde novembro de 2002 (e-mail: opca.enquiries@ombudsman.gsi.gov.uk).

[89] Informações do site oficial do *ombudsman* francês <www.mediateur-de-la-republique.fr>, dirigido por Jean-Paul Delevoye, desde abril 2004, seção "Une Institution Independante".

tos dos cidadãos em suas relações com a administração (DCRA) consagrou um papel central ao *mediateur* como instituição fundamental às reformas administrativas.[90]

A superação do papel informativo da administração e do Parlamento pela vocação pública de defesa dos cidadãos se traduziu no êxito de 85% das mediações realizadas.[91] Outros dados[92] também indicam maior visibilidade pública do *mediateur*, que recebeu 1.773 reclamações em 1973 e 45.628 em 1998, revelando que a sociedade francesa não ficou indiferente às mutações institucionais de seu *ombudsman*.

Enfim, o fortalecimento institucional do *ombudsman* no contexto europeu se evidencia, ainda, pela criação da instituição ao nível continental (comunitário), em 1995. Seu estatuto o dotou de amplas prerrogativas investigatórias, as quais pode exercer sem qualquer denúncia, e sua independência é garantida por disposições orçamentárias e pelo próprio Parlamento Europeu.[93]

A radicalização do constitucionalismo

Constituições são as leis que se destinam, imediatamente, às autoridades políticas do Estado. O direito constitucional é, entre todos os demais ramos do direito público, a disciplina das políticas públicas em sua configuração legislativa e em sua implementação administrativa.

Duas são as linhas básicas do constitucionalismo: o ordenamento do Estado, de modo a impedir o arbítrio governamental; e vincular o exercício do poder à garantia de direitos considerados essenciais (fundamentais) à própria legitimidade do regime político descrito pela Constituição.[94] No entanto, a proclamação do ideal constitucionalista só se tornou relevante para a cidadania onde a Constituição se fixou como um padrão (parâmetro) para a jurisprudência, isto é, onde a

[90] Informações do site oficial <www.mediateur-de-la-republique.fr>, seção "Création et dévelopment de L'institution".
[91] Id.
[92] Id.
[93] Art. 8º da resolução do Parlamento europeu relativa ao estatuto e às condições gerais de exercício do *ombudsman* europeu, constante em seu site oficial <www.euro-ombudsman.eu.int>. A União Européia também conta com duas instituições cuja estrutura independente e funções de defesa da cidadania permitem classificá-las como espécies de *ombudsman*: a HCP (Health and Consumer Protection) e o EUMC (Observatório Europeu do Racismo e da Xenofobia, em atividade desde 1998), respectivamente, voltados aos temas dos consumidores e da saúde; e de combate às discriminações (europa.eu.int).
[94] Sieyés (1984).

Constituição foi incorporada à prática do Poder Judiciário ou, ao menos, de um tribunal especializado na verificação dos atos normativos (do Legislativo e do Executivo) ao direito constitucional vigente.[95]

Há um equilíbrio indispensável à arquitetura do estado de direito moderno que não pode ser quebrado pelos tribunais constitucionais: o princípio da separação entre poderes evita que a jurisdição se exceda, ao zelar pelo cumprimento da Constituição nas atividades legislativa e executiva do Estado. Ao fiscalizar a constitucionalidade (adequação à Constituição), seu guardião não deveria ser tão rigoroso porque engessaria aqueles poderes, podando suas contribuições e, conseqüentemente, dissolvendo a própria política como atividade do Estado.[96]

Por esses motivos (o principal sendo a preservação do estado de direito como invenção histórica), o consenso, entre juízes e políticos profissionais, é o de que o controle da constitucionalidade operado pelos tribunais constitucionais deve respeitar a chamada "liberdade de configuração" (especialmente dos legisladores) nas decisões políticas, sob pena de colocar em risco o próprio conceito de ato político.[97] Se todos os atos públicos se tornassem meros cumprimentos da Constituição, não haveria mais espaço para a luta política que caracteriza o processo decisório no âmbito do Legislativo e do Executivo. À Constituição (e à jurisprudência das cortes constitucionais) caberia tão-somente limitar o Estado (em sua versão liberal) ou apetrechar o Estado (em sua versão social); jamais substituí-lo na orientação dos programas governamentais.

Ora, a ascensão dos interesses difusos desde as últimas décadas do século passado tem impulsionado os tribunais constitucionais, os quais, para equacioná-los, vêm sofrendo modificações institucionais que se chocam com o equilíbrio entre direito e política que sempre os caracterizou. Neste sentido, apontarei importantes alterações na estrutura e na jurisprudência dos tribunais constitucionais.

Como modelo institucional, o tribunal constitucional se consolidou na Europa pela estabilização de um Tribunal de Justiça das Comunidades Européias. O mesmo funciona como última instância judicial das controvérsias sobre a aplicação do direito comunitário, sendo suas decisões vinculantes para os Estados europeus. Sua composição é de juristas qualificados pela independência perante seu Estado de origem (além da exigência tradicional de competência técnica para o

[95] Wahl (1986).
[96] Esta opinião integra o senso comum do pensamento constitucionalista no Ocidente (Schmitt, 1993; Romano, 1997; Hauriou, 1929; Kelsen, 1978; Sampaio Jr., 1997).
[97] Canotilho (1994).

cargo), de modo a funcionar como um colegiado dotado de estabilidade para o julgamento dos componentes da Europa unificada, geralmente provocado pela Comissão Européia.[98]

Além dos 15 juízes escolhidos pelos critérios acima, funciona com oito advogados-gerais. Sua função não deve ser confundida com um ministério público europeu (que é explicitamente assumida pela própria Comissão Européia), mas como de auxiliares na delimitação jurídica das questões levadas ao tribunal pela comissão ou pelos Estados componentes.[99] Trata-se, portanto, de estrutura própria dos tribunais constitucionais, cuja jurisdição, tradicionalmente, se caracteriza por um processo sem partes (autor e réu), distintos das instâncias normais do Judiciário.

Mesmo o Estado britânico, tão marcado por uma tradição quase milenar de centralidade do Parlamento (inclusive em seu direito), se aproxima do modelo. Assim, em julho de 2003, o governo britânico enviou uma consulta (*consultation paper*) à Câmara dos Lordes sobre uma reforma constitucional para a criação de uma Supreme Court para a Grã-Bretanha. Tal consulta se justificava por ser a Câmara dos Lordes o segmento do Parlamento britânico que funciona como a última instância de apelação dos casos cíveis em todo o Reino Unido e dos casos criminais na Inglaterra, País de Gales e Irlanda do Norte. Os lordes que a compõem desempenham, portanto, as mais relevantes funções judiciais no Reino Unido (*law lords*).[100]

A resposta dos lordes[101] à consulta governamental adveio em outubro de 2003, **concordando** com a essência da proposta e a criação do novo órgão judicial, o qual se situaria **fora do Parlamento**. Evidentemente, sua concretização rompe com a vetusta tradição de cultura cívica e do parlamentarismo britânico. As preocupações dos lordes se concentraram na preservação de aspectos formais, como a manuntenção do posto de Lorde Chanceler como dirigente máximo da instituição. Aliás, enfatizaram a necessidade de forte aparelhamento do futuro tribunal britânico como condição para o seu pleno funcionamento e independência institucional, sem os serviços de apoio parlamentares. Também foi aceito

---

98 Apresentação, competências e espécies de ações e recursos do Tribunal de Justiça das Comunidades Européias no site oficial <www.curia.eu.int>.

99 Id.

100 "Briefing on House of Lords (judicial work and judgements)" no site oficial <www.parliament.the-stationery-office.co.uk>.

101 "The Law Lords' response to the government's consultation paper on constitutional reform: a supreme court for the United Kingdon, by Lords of appeal in ordinary" (27-10-2003), no site acima.

pelos lordes o procedimento para a designação dos futuros juízes, mediante uma comissão independente para indicações dos mesmos, nos moldes da composição praticada normalmente nos tribunais constitucionais.[102]

A única oposição aberta à criação da nova e mais alta corte britânica veio de Lorde Hobhouse de Woodborough. Em novembro de 2003, ele apresentou opinião, em separado dos colegas, como voz isolada da tradição indignada com a fixação de um órgão judicial máximo externo ao Parlamento. Identificando tal operação com a importação de instituições (principalmente a Supreme Court norte-americana) estranhas à cultura nacional, Lorde Hobhouse concentrou suas críticas sobre a proposta de "Comissão de indicações" e reafirmou a propriedade dos critérios discriminatórios (inclusive de religião, origem étnica, orientação sexual e estado civil) à disposição do Lorde Chanceler para a escolha dos juízes.[103]

O Tribunal Constitucional espanhol também experimentou enorme crescimento institucional, desde o início de seu funcionamento em 1979, sem qualquer precedente na história nacional. Seu relatório de 1999 revela que sua produção anual média vinha sendo, entre suas várias decisões, de 200 a 300 **sentenças** por ano. O que, dada a repetição inevitável de questões idênticas, ainda detectaria mais de 100 novas questões de interpretação da Constituição espanhola pelo tribunal.[104] Produção que, também segundo o relatório, apenas se comparava à Suprema Corte norte-americana e ao Tribunal Constitucional (Federal) alemão. Nada disso apoiava, porém, o orgulho corporativo dos juízes espanhóis; era mesmo forte o motivo de preocupação com a viabilidade da instituição.[105]

O crescimento da instituição aponta para sua saturação, já que ela acumula tanto a função de órgão máximo do Judiciário espanhol (através do julgamento de casos individualizados de infração à Constituição) quanto de jurisdição sobre assuntos políticos. Os totais brutos de ações crescem de ano a ano, de 1998 a 2002, embora também cresçam as decisões (que ultrapassaram o volume de 6 mil em 2002, barreira já alcançada nos dois anos anteriores!).[106] Os sucessivos presidentes da instituição, verificando seu inchamento por controvérsias constitucionais geradas em conflitos processuais de outras instâncias do Judiciário, apontaram a

---

102 Mesma consulta da nota 101.

103 "Supplementary response of Lord Hobhouse of Woodborough", no mesmo site das notas 100, 101 e 102 (7-11-2003).

104 "Las tareas del Tribunal Constitucional", Pedro Cruz Villalón (presidente), publicado na "Memoria 1999" (p. 4), Madrid, mar. 2000, no site oficial <www.tribunalconstitucional.es>.

105 Id.

106 "Presentación" de Don Manuel Jimenéz de Parga Y Cabrera (presidente), Madrid, fev. 2003, "Memoria 2002", mesmo site das notas 104 e 105.

necessidade de concentrá-lo em temas constitucionais públicos (como ocorre com a maioria dos guardiões constitucionais europeus).[107]

De fato, as questões típicas de guardiões da Constituição (especificamente políticas) que chegam à instituição são em volume expressivamente inferior. A sobrecarga do tribunal espanhol também revela, porém, além da sua atual incapacidade de equacioná-la, uma atração efetiva da sociedade, à medida que tem na instituição sua referência de interpretação da Constituição. Até o momento, os passos para sua modernização institucional foram a criação de um novo instituto processual (*conflicto en garantía de la autonomia local*) para o julgamento de conflitos político-administrativos[108] (que envolvem interesses difusos) entre o governo central e as administrações regionais (1988); e a reforma de seu regulamento interno[109] para incremento de sua organização e pessoal (1999).

O guardião da Constituição francesa (Conseil Constitutionnel), tradicionalmente responsável pela regularidade do processo eleitoral, tem ido além da definição literal e sintética que lhe é conferida pela Constituição. Interpretando-a extensivamente e às disposições legais eleitorais, o Conseil Constitutionnel estabeleceu regimes bem mais rígidos para a disputa entre candidatos nos pleitos de 1995 e 2000. Em novembro de 2002, durante a eleição presidencial, o Conseil Constitutionnel aprofundou sua presença no processo eleitoral, publicando dossiê de ampla circulação, divulgando suas funções de controle da disputa e do financiamento partidário, que avocou para si.[110]

Com a elaboração da doutrina Badinter, durante o período 1986-1995, o Conseil Constitutionnel formulou uma jurisprudência de direitos fundamentais, suficientemente ofensiva não apenas para converter a instituição de órgão meramente formal da V República em mecanismo efetivo de controle da constitucionalidade das leis e atos do Executivo.[111] Ao conferir valor constitucional ao preâmbulo da Constituição (revogada) de 1946 e, principalmente, à Declaração dos Direitos do Homem e do Cidadão de 1789 (documento de legitimação da Revolução Francesa, mas sem significado jurídico, até então),[112] sua juris-

---

107 "Presentación" em 1999, 2000, 2001 e 2002 e "Estadisticas jurisdicionales" (p. 5) de Don Manuel Jimenéz de Parga y Cabrera.

108 "Presentación" de Don Pedro Cruz Vilallón (presidente) na "Memoria 1999" (p. 4, 16 e 17).

109 "Reforma del Reglamento de Organización y Personal del Tribunal Constitucional" (tópico 4 da "Memoria 1999"), acuerdo 8-9-1999.

110 "Dossier Élection Presidentielle 2002 – délibéré par le Conseil Constitutionnel dans as séance du 7 novembre 2002" (p. 6) no site oficial <www.conseil-constitutionnel.fr>.

111 Rousseau, 1997:74, 90.

112 Ibid.

prudência os elevou acima do próprio Estado francês como princípios universais e superiores.

O Tribunal Constitucional italiano (Corte Costituzionale), que, como o espanhol, funciona como instância recursal de controvérsias constitucionais em litígios particulares, também apresenta um maior volume destes casos no conjunto de seu trabalho. Porém, desde meados dos anos 1990, as sentenças relativas ao juízo sobre temas políticos crescem percentualmente mais do que aquelas.[113]

No ano de 2003, quase 50% das sentenças (indicando prioridade no trabalho do tribunal italiano) já se referem aos conflitos políticos entre o Estado nacional e suas diversas autoridades regionais,[114] o que corresponde ao aperfeiçoamento institucional recente pela Lei Constitucional 03/2001 (explicitando sua competência), quando a Corte Constitucional registrou, pela primeira vez em toda a sua história (desde 1956), o que seu presidente qualificou de "função arbitral entre setores do Estado".[115]

O incremento dessa função não prejudicou a elaboração da Corte italiana sobre direitos fundamentais. Enquanto em 2002, sob o impacto da recente atribuição legal (em 2001), a jurisprudência versou mais sobre questões organizacionais da nova disciplina dos conflitos intra-estatais, o ano de 2003 apresentou, juntamente com as tensões político-administrativas, os temas da saúde, da comunicação social, do meio ambiente e da delimitação do núcleo básico dos direitos civis e sociais a ser garantido pelo Estado.[116]

O Tribunal Constitucional (Federal) alemão (*Bundesverfa-ssungsgericht*) é reconhecido por seus congêneres internacionais como modelo de guardião da Constituição. Sua jurisprudência está recheada de conceitos influentes na prática de outros tribunais constitucionais, inclusive pela inspiração de autolimitação do controle da constitucionalidade a fim de que ele não ameace o equilíbrio entre jurisdição e politização, típico do Estado moderno.[117]

---

[113] La Giustizia Costituzionale nel 2003 (Conferenza Stampa del presidente Gustavo Zagrebelsky), Palazzo della Consulta, 2-4-2004, no site oficial <www.cortecostituzionale.it> (p. 5-6).

[114] Ibid. p. 6-7, "Oservazione Generali".

[115] Ibid. p. 6-20 ("La paritá delle armi" tra Stato e regioni dopo la reforma del titolo V"), p. 23. ("Gli altri giudizi").

[116] Ibid. p. 60-67.

[117] Entre os conceitos que marcam a autocontenção da jurisprudência constitucional de modo a que ela não tolha o exercício normal do Executivo ou Legislativo, destaca-se a técnica da "declaração de inconstitucionalidade sem pronúncia de nulidade". Ao fazer isso, o tribunal não impede os efeitos de uma norma inconstitucional, apenas instando o poder que a editou para modificá-la, por si mesmo.

A doutrina Bachof veio a lume em 1950, postulando que a própria Constituição deveria ser controlada pelo Tribunal Constitucional através do emprego de princípios universais que cimentariam um direito supraconstitucional.[118] Apesar de muita celeuma nos meios jurídicos, o professor alemão só encontrou guarida para suas idéias no tribunal estadual da Baviera.

Posteriormente, porém, o Tribunal Federal ratificou o entendimento bávaro, reconhecendo a existência de direitos não-positivados e superiores à própria Constituição alemã.[119] Nesse sentido, o Tribunal Constitucional se declarou competente para julgar **também o teor das normas constitucionais** (e não apenas as emanadas do Legislativo), inclinando-se por uma jurisprudência bastante ofensiva de direitos fundamentais, ao considerá-los ingredientes de uma ordem suprapositiva e objetiva de valores. Pesquisas de opinião pública (1987) revelaram muita confiança na instituição (62%) como forte referência de cultura cívica.[120]

Enquanto o Tribunal de Justiça das Comunidades Européias é a instância pela qual conflitos políticos entre Estados europeus são convertidos em controvérsias jurídicas e julgados segundo o direito comunitário, a Corte Européia de Direitos Humanos (Conselho da Europa) expressa o compromisso da recém-nascida União Européia com a efetivação da cidadania de modo a considerá-la superior, em termos de valores jurídicos, não apenas em relação às Constituições de seus Estados-membros, mas também aos próprios tratados constitutivos da comunidade.[121] Portanto, assim como as Constituições e leis dos Estados europeus estão juridicamente submetidos ao direito Comunitário europeu, este (seus tratados) se subordina aos direitos humanos, considerados como valores jurídicos supracomunitários.

Mesmo nos EUA, verificam-se importantes evoluções jurisprudenciais na Supreme Court, instituição judicial de maior notoriedade nos meios jurídicos e além deles (entre a própria população norte-americana). Embora limitada em seu fundamento a controvérsias particulares, sem a jurisdição macro e abstrata

---

[118] Bachof (1994).

[119] Maus, 2000:191. O Tribunal Constitucional Federal (alemão) também incorporou a prática da revisão de seus julgados, com base em valores supraconstitucionais não-escritos, desde 1995 (ibid. p. 190, nota 27).

[120] Maus, 2000:185. A autora destaca a magnitude da confiança depositada no "bundesverfassungsgericht" pela população alemã, ao registrar que a própria televisão alcançou apenas o índice de 34% (nota 5).

[121] Apresentação do site oficial <www.rchr.coe.int>.

dos tribunais constitucionais europeus, a Suprema Corte americana é a pioneira do chamado *judicial review* dos atos executivos e legislativos.[122]

Sua jurisprudência atualiza permanentemente a Constituição, única originária (1787) ainda existente no mundo. A Supreme Court apresenta uma verdadeira pletora de temas tratados e, não raro, modificados constantemente por novos entendimentos de seus *justices* (integrantes).[123]

No entanto, é a partir da presidência Rehnquist (a partir de 1986) que o tribunal se debruçou mais sobre a legitimidade das políticas públicas lastreadas em critérios físicos, étnicos, sexuais e de orientação sexual.[124] Várias de suas decisões redefiniram a relação entre as esferas federal e estadual, convertendo o tribunal na instância decisiva da ordem federativa norte-americana, desde 1995.[125] Tais pronúncias da instituição têm produzido alterações nos papéis do Legislativo federal e dos estados, que são comparadas ao próprio momento de fundação da República.[126]

Outro tipo de conflitos políticos, sem precedentes na história judicial americana, consolidou a Suprema Corte como instância decisiva, ao convertê-los em questões judiciais. No caso Clinton *versus* Jones (1997), decidiu sobre a atribuição e extensão da imunidade presidencial quanto a atos anteriores à ocupação do cargo. E em Bush *versus* Gore (2000), simplesmente decidiu o resultado da eleição presidencial.[127] Uma jurisprudência ofensiva de direitos fundamentais, por sua vez, se insinuou no caso Reno *versus* ACLU (1997), quando a Supreme Court vedou ao Congresso americano restringir a liberdade de expressão na internet, considerando aquela uma faculdade humana básica e, portanto, ilimitável no âmbito da privacidade.[128]

---

[122] "Judicial review" é a designação, desde 1803, quando a Supreme Court se considerou competente para apreciar a validade dos atos executivos e legislativos, diante da Constituição. Associado à doutrina Marshall (presidente do tribunal, à época), é um controle da constitucionalidade exercido apenas durante os julgamentos dos casos que ingressam no Judiciário. Ver ainda "The Court and constitutional interpretation", texto da Supreme Court Historical Society no site oficial <www.supremecourtus.gov>.
[123] Ver "The Court as an institution" da Supreme Court Historical Society no site oficial <www.supremecourtus.gov>.
[124] "History of the Court – The Rehnquist Court" (The Supreme Court Historical Society), p. 1, no site oficial <www.supremecourthistory.org>.
[125] Ibid. p. 2-4.
[126] Id.
[127] "History of the Court – The Rehnquist Court" (The Supreme Court Historical Society), p. 5, no site oficial <www.supremecourthistory.org>.
[128] Ibid. p. 4.

O cenário latino-americano, no qual, historicamente, o Judiciário, em geral, e os tribunais constitucionais, em especial, não têm expressão pública relevante (quando existem), demonstra importantíssimas alterações. Argentina e Paraguai apresentam processos de depuração da composição das suas cortes supremas como resultados diretos de sua aproximação da dinâmica político-institucional.

Em outubro de 2003, dois ministros da Corte Suprema de Justiça paraguaia demitiram-se sob acusações de corrupção e tráfico de influência pelo Senado e com o apoio do presidente da República (inclusive com dados de relatórios nacionais e internacionais sobre desvios de conduta no Judiciário do país).[129] E, em dezembro de 2003, o Senado argentino destituiu o presidente da Corte Suprema de Justiça, fato sem precedente histórico no país. Acusações de parcialidade e casuísmo nos julgamentos embasaram o processo.[130]

Por outro lado, a valorização inédita das cortes latino-americanas também se evidencia em sua mobilização durante situações-limite de âmbito nacional: a Corte Suprema argentina responsabilizou o governo pela repressão contra manifestantes que exigiam a renúncia do presidente Fernando de La Rúa (2001); o presidente do Supremo Tribunal haitiano assumiu o governo como condutor da transição política, num país conflagrado entre adeptos do governante foragido e opositores da guerrilha que entrara na capital (2003).[131]

Desde a Constituição de 1988, o STF (Supremo Tribunal Federal) adquiriu amplas prerrogativas de controle de constitucionalidade, sem abandonar a posição de cúpula do Judiciário brasileiro.[132] É o único país no qual a sociedade civil (além dos partidos políticos e determinadas instituições públicas) pode acionar diretamente o controle da constitucionalidade em níveis macro e abstrato.[133]

Em 1993, uma reforma constitucional lhe conferiu a possibilidade de tornar incontestável a constitucionalidade de atos do Legislativo e Executivo federais.[134] Em 1999, novas legislações ampliaram seus instrumentos de controle e suas técnicas de interpretação constitucional, emparelhando-o com as práticas caracte-

---

[129] Matéria "Paraguai fecha cerco ao Judiciário" do *Jornal do Brasil*, de 28-10-2003.

[130] Matéria "Baque na Suprema Corte" do *Jornal do Brasil*, de 5-12-2003.

[131] Matéria "Haiti empossa novo presidente, que comandará transição" da clicknews.com.br, de 29-2-2004.

[132] Arts. 102, I, alínea a e §1º; 103 e incisos da Constituição Federal brasileira. Vieira (1994).

[133] Art. 103, IX da Constituição Federal brasileira. O alargamento dos intérpretes constitucionais é uma tese originária de Häberle (1997).

[134] Trata-se da ação declaratória de constitucionalidade instituída pela emenda à Constituição Federal nº 3/1993.

rísticas dos guardiões da Constituição mais significativos no plano internacional (principalmente o americano e o alemão). A principal novidade institucional foi sua conversão em órgão interventor sobre qualquer setor público brasileiro (inclusive municipal), diante do descumprimento de preceito fundamental da Constituição.[135]

Os interesses difusos são explicitamente considerados pelas novas competências legais do STF, o qual poderá julgá-los mediante prévia audiência **pública** com especialistas das ciências pertinentes ao tema.[136] Em 2000, durante a crise no suprimento nacional de energia elétrica, o STF se consolidou como instância decisiva para a própria operacionalidade do programa de racionalização do consumo energético pela sociedade brasileira. Em março de 2005, tal como nos conflitos intra-estatais apontados pelo TC italiano, a Corte brasileira foi o estevário da luta política entre os governos federal e local sobre a administração dos serviços públicos de saúde no Rio de Janeiro.

Em abril de 2004, já se acumulavam tensões entre o novo papel institucional do STF, de um lado, e a burocracia governamental e os legisladores, por outro. Os focos de tensão[137] eram as decisões do STF acerca da instalação de comissões parlamentares, de redução da composição dos legislativos municipais e da política energética nacional de longo prazo, todas questões centrais à ordem pública. Como em muitos outros tribunais constitucionais, a instituição brasileira também funciona pela transformação da luta política em debate jurídico.

Atos políticos versus deveres jurídicos públicos

O fenômeno político moderno também compreende atos que dependem somente das considerações de conveniência e de oportunidade para sua prática. Fazer política, no sentido institucional que a mesma assumiu na modernidade, implica articulação de alianças entre forças políticas, construção de relações imediatas entre o Executivo e o Legislativo, propaganda ideológica e exercício de

---

[135] Leis Federais n°s 9.868 e 9.882, ambas de 1999. O emprego da argüição de descumprimento de preceito fundamental da Constituição adquire relevância, à medida que a Ordem dos Advogados do Brasil (OAB) ingressa com ação para forçar o governo à auditoria pública da dívida externa do país, prevista em dispositivo constitucional, desde 1988. Matéria do *Jornal do Brasil* no "Informe JB" de 7-6-2004.

[136] Art. 6º, §1º da Lei 9.882/99 e art. 20, §1º da Lei 9.868/99.

[137] Matéria "Supremo intensifica conflito com o Congresso" do jornal *Valor* (Juliano Basile), de 26-4-2004. Pesquisas apontam o STF como árbitro decisivo da modernização do Estado brasileiro, corroborando o padrão encontrado nos outros tribunais constitucionais, aqui analisados (Vianna et al., p. 65-66 e 145-146) (decisões nas ações diretas de inconstitucionalidade de 1988 a 1998).

mandatos, como atos que se praticam sem qualquer determinação prévia e jurídica. Isso muda à medida que o direito vem se imiscuindo de modo decisivo na prática dos chamados atos políticos, convertendo-os em cumprimento de deveres jurídicos públicos e impostos à "classe política".

O crescimento contemporâneo da ética pública, por sua percepção como interesse difuso do conjunto da sociedade, tem consolidado o critério jurídico para a análise de atos intrínsecos ao próprio desempenho governamental. Assim, desde o fim do último século, o direito é um ingrediente essencial (e não apenas formal) até mesmo à qualificação dos governantes. Seu questionamento tem lastro em processos sociais sem coalizões políticas hegemônicas e centradas na defesa de uma cidadania a ser revitalizada mediante procedimentos públicos estritamente jurídicos.

Em 1992, o presidente Fernando Collor foi destituído pelo Senado brasileiro sob a acusação, pelo procurador-geral da República (chefe do Ministério Público federal), de improbidade administrativa. Ainda que o chefe do governo não tenha sido diretamente impugnado (absolvido do crime de corrupção, pelo STF, em 1994), inclusive renunciando momentos antes do seu julgamento, foi penalizado com o afastamento da vida pública por oito anos. O fato de o presidente possuir auxiliares corruptos foi considerado suficiente para sua penalização.[138]

Socialmente, o movimento (posteriormente intitulado "ética na política") que se dirigiu à Procuradoria Geral da República e ao Congresso Nacional (Poder Legislativo brasileiro) foi espontâneo no sentido de não corresponder às orientações de qualquer força política organizada, mesmo do até então vice-presidente Itamar Franco (desde há muito politicamente rompido com o titular do cargo), sem vínculos partidários e alheio às mobilizações do *impeachment* de Fernando Collor. A operação formal do processo foi conduzida, no Senado, pelo presidente do STF.

Processo semelhante ocorreu no Equador, em 1997, com a destituição do presidente Abdala Bucarán, sob a mesma acusação de corrupção, agregada à de desrespeito crônico da Constituição equatoriana. Em abril de 2005, o presidente Lucio Gutierez foi deposto após manifestações populares contrárias à anulação de processo de corrupção cujos réus eram políticos, inclusive Bucarán. A mobilidade popular se intensificou com a dissolução da Suprema Corte por um decreto

---

[138] Lattman-Weltman, Fernando. "10 anos de impeachment de Fernando Collor", publicado no site da Fundação Getulio Vargas (www.cpdoc.fgv.br). Novamente em 2005, a Polícia Federal e comissões parlamentares investigam a corrupção de autoridades no governo Lula para beneficiar os partidos de sua base de sustentação.

presidencial que a substituiu por juízes favoráveis ao governo e a seus aliados que estavam sendo julgados.[139] Mesmo a Bolívia, Estado latino-americano com mais de 100 Constituições em sua história (conseqüentemente, revelando menor sentimento constitucional em sua cultura cívica), teve, **pela primeira vez**, em 2003, um governante destituído segundo as regras constitucionais vigentes (o presidente Gonzalo Sánchez de Lozada).[140]

Em 1992, notório processo de investigação[141] por magistrados italianos, envolvendo mais de uma centena de parlamentares, determinou alterações fundamentais no próprio quadro partidário do país. A mais significava foi o encolhimento da Democracia Cristã, o partido de hegemonia governamental desde o pós-guerra na Itália.

A investigação visava detectar relações entre parlamentares (inclusive ministros do gabinete) e membros (comprovados ou suspeitos) de organizações criminais. Era uma operação, do Ministério Público e do Judiciário italianos, de ataque à máfia, a fim de minar seus contatos no Parlamento, ainda que deles não decorressem crimes em sentido estrito.

Em 2004, o direito foi a solução institucional inédita para impasses políticos históricos em dois Estados nacionais.

No Haiti, o presidente do Supremo Tribunal **assumiu o governo** durante convulsão social no país, em fevereiro,[142] diante da renúncia do presidente Jean-Bertrand Aristide e da ocupação de diversas cidades e vilas por rebeldes armados. A incumbência constitucional de Boniface Alexandre (o magistrado maior haitiano), aceita pelos lados do conflito, era a condução da transição governamental e do processo eleitoral a seguir.

Na Coréia do Sul, o presidente Roh Moo Hyun **foi reempossado no cargo** pelos nove membros da Corte Constitucional, em maio, após ser destituído em março pela Assembléia Nacional (Poder Legislativo). A acusação, em ambos os julgamentos, versava sobre a transgressão presidencial de sua neutralidade (im-

---

[139] Matéria da agência de notícias UOL ("Vice assume presidência do Equador e acaba crise") em sua "Retrospectiva 1997", no site na.uol.com.br.

[140] Artigo de Carlos Póvoa e Victor Juárez, "Falta definir as regras do jogo", no jornal *El Comercio* e no site <www.pulsolatino.net> em dezembro de 2003.

[141] Matéria de *O Estado de S. Paulo*, de 14-1-2004, denota o aprofundamento deste processo na anulação da legislação pró-imunidade ("Tribunal italiano anula lei que dava imunidade a Berlusconi") pela Corte Costituzionale italiana.

[142] Matéria "Haiti empossa novo presidente, que comandará a transição", da <clicknews.com.br> de 29-2-2004.

posta pela legislação eleitoral), por ter apoiado publicamente o seu partido nas eleições legislativas de abril.[143]

Até nos EUA, país com forte presença de normas específicas de controle do exercício governamental, ocorrem importantes mudanças. Desde que veio à tona, em 1998, o envolvimento íntimo entre o presidente Clinton e a estagiária da Casa Branca, Monica Lewinsky, há uma tendência ao aprofundamento dos critérios jurídicos sobre a conduta de agentes do governo.

A jurisprudência (unânime) da Supreme Court no caso EUA *versus* Nixon (1974) reconhecia exceções à publicidade de informações, diante da segurança nacional ou da privacidade do presidente. Mesmo a procuradora-geral Janet Reno (durante o mandato Clinton) instruía as agências federais a reivindicar isenções nestas situações.[144]

Em dezembro de 1998, a Câmara dos Deputados considerou ter o presidente Clinton cometido perjúrio e obstrução à Justiça, por ter mentido sobre seu envolvimento com Monica Lewinsky.[145] O debate entre os blocos parlamentares (democrata e republicano) se transformou em disputa sobre qual partido estava autenticamente comprometido com a Constituição e o direito.[146] A população se dividiu sobre o assunto, embora a maioria considerasse o *impeachment* uma sanção muito drástica.[147]

O drama pessoal foi potencializado pela dimensão jurídica que lhe foi conferida. Apenas em março de 2002, adveio o relatório final da investigação independente conduzida por Robert W. Ray, que concluiu pelo perjúrio na negação de relações com Monica Lewinsky, mas considerava demasiada a sanção do *impeachment*.[148] Em dezembro de 2003, ação indenizatória movida por Monica Lewinsky foi negada pela Corte do distrito de Columbia.[149]

Essa ação foi baseada na norma jurídica que disciplinava o funcionamento da administração pública federal norte-americana (Ethics in Government Act),

---

143 Matéria de James Brooke ("Constitutional Court Reinstates South Korea's impeached president") no *New York Times* de 14-5-2004.

144 Barker e Vaughn, 2000:12, 17.

145 Matéria de Alison Mitchell (section 1, page 1, column 5) no *New York Times* de 20-12-1998.

146 Matéria de Frank Bruni (section b, page 2, column 1) no *New York Times* ("Across a wide chasm, 2 parties evoke God, country and Constitution"), de 19-12-1998.

147 Matéria de Robert McFadden (section 1, page 29, column 6) no *New York Times* de 20-12-1998.

148 Matérias de Neil Lewis, "Special council puts Lewinsky case to rest" e de Donovan Natta Jr., "Subtitle suggests the real story in Clinton report" no *New York Times* de 7-3-2002.

149 Matéria ("national briefing") do *New York Times*, "Washington: denial of legal fees for Monica Lewinsky" (section a, page 16, column 5), de 31-12-2003.

criada em 1978 juntamente com o escritório de ética governamental (OGE), só foi consolidada em 1988, com sua separação da máquina governamental por norma (Reauthorization Act) que a fixou como agência institucional independente e responsável pela formulação dos padrões adequados ao exercício íntegro e imparcial das funções públicas.[150]

Em 1989, surgiu a lei de proteção aos "denunciantes", identificados como quaisquer pessoas que revelem irregularidades na administração pública federal. Em 1994, esta lei foi emendada (por unanimidade, o que é inusitado também para o Legislativo norte-americano) para ampliar a sua cobertura e vencer precedentes judiciais hostis à sua plena aplicação.[151]

São desenvolvimentos jurídicos pouco anteriores ao caso Clinton/Lewinsky que revelam por que o mesmo não pode ser interpretado como excepcional à dinâmica das instituições norte-americanas. Afinal, o caso ocorreu em meio ao aprofundamento do direito, percebido como rigor necessário à publicização da máquina administrativa, assentada nos dois conceitos essenciais (subjacentes a 14 princípios jurídicos de serviço público) emanados do escritório de ética governamental:[152] não usar a função pública em proveito particular e não privilegiar qualquer pessoa ou organização privada.

Tudo isso foi incrementado ainda pela Lei do Desempenho e Resultados do Governo (1993), que estabeleceu a constante medição de sua eficácia, resultando em relatórios, cuja primeira safra adveio em março de 2000.[153] Não é de surpreender, portanto, que o escândalo tomasse a repercussão havida, ao espocar durante um período no qual o direito se ampliava como técnica de controle do Estado norte-americano.

O processo eleitoral experimentou maior judicialização. Durante o mandato Clinton, num país tradicionalmente avesso à especialização de seu Judiciário nesse tema, a Supreme Court se pronunciou sobre o alcance da imunidade presidencial de atos anteriores à posse no cargo (1997) e sobre o resultado das eleições

---

[150] "Background and mission (about OGE)" no site oficial do escritório de ética governamental (www.usoge.gov) norte-americano.

[151] Entrevista de David Pits com Thomas Devine, diretor legal do Projeto de Responsabilidade Governamental (GAP), grupo de interesse público apartidário, sem fins lucrativos, que defende direitos de funcionários que denunciam atividades ilegais no governo. Incluída na publicação eletrônica "Temas de democracia", p. 30-31, do Departamento de Estado dos EUA.

[152] "General Principles (about OGE)" no site oficial do escritório (www.usoge.gov) de ética governamental norte-americano.

[153] Lei de Desempenho e Resultados do Governo (GPRA), incluída na publicação eletrônica "Temas de democracia", p. 22, do Departamento de Estado norte-americano.

para presidente da República (2001), formulando jurisprudência inédita, como já referido anteriormente.[154]

Mesmo no Estado francês, no qual o Conseil Constitutionelle é incumbido do controle eleitoral (além do controle de constitucionalidade das normas), ele foi bastante estreitado nas últimas eleições, como também indiquei anteriormente.[155]

Mas é na experiência brasileira, cuja tradição republicana contém um legado de justiça eleitoral especializada, que as eleições apresentam o maior grau de judicialização. A nova Constituição (1988) revitalizou a justiça eleitoral, imbuindo-a de mais prerrogativas e da própria condução de eleição plebiscitária (1993) sobre a forma/sistema de governo do país.[156] Em 1997, projeto de lei apresentado pelos cidadãos (um dos poucos subscritos pela população que alcançaram o número necessário para sua apresentação ao Poder Legislativo) foi convertido em legislação coibidora de abusos[157] na disputa eleitoral (da máquina administrativa ou de superioridade econômica) pelos candidatos. O Ministério Público brasileiro, único do mundo dotado de plena independência institucional e lastreado nessa legislação, incrementou as impugnações eleitorais.

O auge da judicialização das eleições brasileiras se deu no pleito geral (para presidente, governadores dos estados, legislativos federal e estaduais) de 2002. Em fevereiro, o Tribunal Superior Eleitoral (TSE), por ampla maioria, deliberou sobre a própria prática das alianças (coligações) partidárias.[158] A resolução do TSE impôs que as coligações entre partidos, formadas para eleger o presidente da República, teriam de ser reproduzidas nos estados, onde não poderiam ocorrer alianças partidárias diferentes.

A justiça eleitoral, buscando resguardar a ordem federativa e os direitos políticos dos cidadãos, restringiu substancialmente a liberdade partidária para a feitura de alianças eleitorais, ao lhes impor uma uniformidade a ser observada nos vários estados do país e entre estes e o plano nacional.[159] As coligações eleitorais deixaram de ser atos despidos de conteúdo jurídico e passaram a ser vinculantes dos partidos, numa disputa regida, essencialmente, pelo direito (o TSE).

---

[154] "History of the Court – The Rehnquist Court" (The Supreme Court Historical Society), p. 1, no site oficial <www.supremecourthistory.org>.

[155] "Dossier Élection Presidentielle 2002 – délibéré par le Conseil Constitutionnel dans la séance du 7 novembre 2002" (p. 6) no site oficial <www.conseil-constitutionnel.fr>.

[156] Art. 2º do ADCT (Ato das Disposições Constitucionais Transitórias) da Constituição brasileira.

[157] Lei Federal nº 9.096/95.

[158] Matéria de *O Globo*, em 27-2-2002.

[159] Resolução nº 21.002 do Tribunal Superior Eleitoral, em virtude da consulta nº 715 (2002).

As eleições brasileiras de 2002 também foram as primeiras do mundo **inteiramente** informatizadas pelo TSE, que vinha ampliando esta prática, malgrado a crítica de partidos que se opunham ao seu crescimento no processo. A informatização ampliou o controle judicial das eleições e tornou próximas suas realização e apuração (num único dia), desfavorecendo práticas fraudulentas do resultado.

Tem havido evidente tendência à restrição das imunidades parlamentares, que protegem os membros do Poder Legislativo da responsabilidade por atos praticados, tanto no âmbito de suas funções públicas, como fora delas. O encolhimento destas prerrogativas dos legisladores também atesta o recuo da política perante o direito. Isto ainda é impulsionado pelo avanço da ética pública como interesse difuso envolvente da sociedade como um todo.

As imunidades parlamentares foram estabelecidas, originariamente, em contextos nos quais os parlamentos lutavam para sua afirmação como Poder Legislativo, diante dos monarcas e dos juízes que, então, atuavam como delegados dos reis. Neste sentido, eram essenciais à independência da instituição legislativa, ao proteger seus membros individuais.[160]

Há muito, porém, a maioria da doutrina jurídica as considera, principalmente quanto à proibição de processar parlamentares por atos alheios às suas funções, como prerrogativas a serem bastante minoradas ou suprimidas. Em virtude de o Judiciário, desde a configuração do estado de direito, consistir em órgão independente do Executivo, atenta-se para os efeitos nocivos da imunidade parlamentar sobre a igualdade de tratamento e o exercício de direitos pelos cidadãos comuns. Há, assim, uma percepção, inclusive pela opinião pública, destes institutos como privilégios que colocam os parlamentares acima das leis.[161]

O conflito entre magistrados e parlamentares italianos, durante as investigações realizadas pelos juízes ("operação mãos limpas"), em 1992 sobre o Poder Legislativo, se estabeleceu quando os pedidos de autorização para processá-los ultrapassou 1/3 de seus membros. Apenas a pressão da opinião pública fez com que o Parlamento cedesse.[162]

---

[160] Erksine, 1989:70 e Laferriere, 1947:708-709. Sua origem reside em dois privilégios medievais britânicos: "freedom of speech" (garantia da liberdade parlamentar de expressão) e "freedom from arrest or molestation" (garantia contra perseguição policial/judicial).
[161] Urbano (2003).
[162] Urbano, 2003:885.

A "operação mãos limpas" não foi um episódio isolado e excepcional à dinâmica italiana, mas (como o escândalo Clinton/Lewinsky no contexto institucional norte-americano) um momento especial de sua evolução institucional. Desde 1988, os juízes italianos conseguiam caracterizar seus conflitos com os parlamentares (sobre a imunidade desfrutada) como um problema que seria da alçada da Corte Costituzionale, trazendo-a para arbitrar a disputa entre Legislativo e Judiciário.

A estratégia dos juízes vingou: pela Sentença 1.150 (1988) a Corte admitiu sua competência para dirimir estes conflitos (de atribuições) com base na Constituição italiana. Esse, porém, fora um tímido passo, pois sua jurisprudência (de então) não ia além da previsão de um controle formal, exterior e superficial da atuação das câmaras parlamentares.[163]

A afirmação da "operação mãos limpas", legitimada pelo enfraquecimento institucional da máfia italiana, redundou na reforma constitucional de 1993. Ela amputou a imunidade parlamentar, suprimindo a proteção que conferia em relação aos processos sobre atos alheios à função legislativa. Abolida a *autorizzazione a procedere*, não haveria mais a necessidade de licença do Parlamento para se processar o parlamentar. Ao final da década, a jurisprudência da Corte Costituzionale evoluiu no sentido de restringir mesmo a imunidade restante (relativa às opiniões expressas pelos parlamentares), alargando sua competência para apreciar até o mérito de cada caso concreto (Sentença 10/2000).[164]

Após o *impeachment* do presidente Collor, o Legislativo brasileiro se tornou o alvo preferencial das demandas difusas pela ética pública. Em 1994, parlamentares envolvidos com o manejo do orçamento estatal enfrentaram um processo de cassação dos mandatos, movido pelo próprio Legislativo. Como vários conseguiram escapar da sanção de banimento da vida pública, por terem renunciado aos mandatos antes da conclusão do processo, o Parlamento brasileiro reformou a Constituição para impedir esse expediente, no futuro.[165]

Com o crescimento das impugnações de mandatos e a evasão da cassação por parlamentares que renunciaram **antes** da instauração do processo na comissão de disciplina do Legislativo (principalmente o escândalo sobre o envolvimento de um presidente do Senado na adulteração do painel eletrônico de votações), a Constituição sofreu profunda restrição no tema da imunidade parlamentar. Em

---

[163] Urbano, 2003:885, 889.
[164] Urbano, 2003:889-891.
[165] Emenda revisional da Constituição brasileira nº 6, de 1994 (art. 55, § 4º).

2001 ela deixou de ser automática para os processos judiciais, doravante precisando de uma votação dos parlamentares para sua concessão.[166]

O Tribunal Constitucional espanhol possuía uma jurisprudência que considerava a imunidade parlamentar assunto de natureza tipicamente política e interna ao Legislativo espanhol (Cortes Generales). Sua inflexão começou com o rumoroso caso Barral, cuja solução em julho de 1985 foi um pronunciamento que delimitou, rigorosamente, os atos encobertos pela proteção à expressão de opiniões parlamentares.[167]

Desde 1990, a jurisprudência constitucional espanhola passou a admitir o *recurso del amparo* (ação de interesses particulares) como uma via adequada ao questionamento da imunidade parlamentar, quando lesiva aos direitos fundamentais de seu autor.[168]

Os legisladores franceses vêem o direito adentrando mais sua esfera pessoal: desde 1988, é obrigatório o fornecimento dos dados pessoais dos candidatos ao Comitê de Transparência da Vida Política, podendo o Conseil Constitutionnel impedir sua posse ou participação em outros pleitos (ato institucional de 10 de maio de 1990). A partir de 1993, os parlamentares estão sujeitos à taxação de suas rendas, do mesmo modo que os demais cidadãos.[169]

Com a reforma constitucional de 1995, os parlamentares franceses podem ser processados como qualquer cidadão comum, por atos alheios à sua função, sem necessidade de qualquer procedimento especial (inclusive no âmbito criminal). Mesmo a imunidade por suas opiniões não é extensiva sequer às campanhas eleitorais.[170]

O Parlamento britânico, modelo histórico do Poder Legislativo ocidental, desde o século XVI, inclusive da imunidade parlamentar por opiniões (*freedom of speech*) e perante processos criminais em geral (*freedom from arrest*), também passa por profundas inovações. Particularmente, quanto à Câmara dos Lordes, onde foi iniciado um processo de transformação institucional.

---

166 Emenda nº 35/2001 à Constituição brasileira.

167 Com a Sentença nº 90/1985 (22 de julho), o Tribunal espanhol autorizou o processo contra o senador Carlos Agesta Barral, elaborando uma doutrina que fixou os atos protegidos pela imunidade parlamentar (restringindo-a, pela primeira vez, na história política espanhola) (Urbano, 2003:892-893).

168 Iacometti, 1991:347-349.

169 Regras aplicáveis aos deputados da Assembléia Nacional francesa (seções "Direitos e obrigações " e "Garantias"), publicadas em seu site oficial <www.assemblee-nationale.fr>.

170 Antes da reforma constitucional de 1995, os parlamentares só poderiam ser processados durante o período ordinário das sessões, com a autorização da câmara à qual pertenciam (Urbano, 2003:872-825 e Luchaire, 1995:1413 e 1434-1435).

Após todas as casas parlamentares do Reino Unido terem adotado códigos de conduta para seus membros, durante a década de 1990 (inclusive a Câmara dos Comuns em 1996), a Câmara dos Lordes iniciou (House of Lords Act), em 1999, uma longa transição institucional, através de uma Comissão Real, cujo relatório (*A House for the future*) veio a lume em janeiro de 2000.[171] Em março daquele ano, os lordes o debateram e modificaram, destacando-se a criação da comissão de indicações para conduzir mudanças progressivas na composição desta casa parlamentar (Appointments Comission for the Interim House).[172]

Um efetivo código de conduta para os lordes foi proposto pelo comitê de padrões na vida pública (Neil Committee) para a consulta da Casa, com 23 recomendações. Em abril de 2001, a baronesa Jay of Paddington (líder da Casa) apresentou as opiniões dos lordes, revelando um consenso majoritariamente favorável a um novo código de conduta,[173] cuja necessidade se impunha para o favorecimento do interesse público na Casa e para a modernização das condutas apropriadas.

Basicamente, o novo regime disciplinar dos lordes seria a combinação entre dois princípios constantes de resoluções internas de novembro de 1995 (sua orientação pela honra pessoal e recusa de ganhos financeiros para influência parlamentar) e os sete princípios da vida pública (*selflessness, integrity, objectivity, honesty, accountability, openness, leadership*) já declarados pelo respectivo comitê (Nolan Committee), também em 1995.[174]

Pela primeira vez em sua história, à Casa dos Lordes vai sendo conferido um regime de responsabilidade mais jurídico que político. À medida que se efetive, o código de conduta distingue entre o interesse público e os interesses dos lordes (*relevant interests*), obrigando-os a declará-los e mesmo registrá-los.[175] Embora não haja alterações quanto aos procedimentos sobre eventuais desvios de conduta perante o "Comitê para Privilégios" (Comissão Parlamentar Disciplinar), a for-

---

171 "Report from the working group appointed by the leader of house" no site oficial <www.publications.parliament.uk> do Parlamento britânico.

172 "Lords reform: major developments since the House of Lords Act 1999 (research paper 00/60)" de 14-6-2000, Parliament and Constitution Centre, House of Commons Library. Também "History of the House of Lords (briefing), 21st century", nos sites oficiais <www.lords-reform.org.uk> e <www.parliament.the-stationery-office.co.uk>.

173 Anexo 1 ("Proposed code of conduct for members of the House of Lords" ao "Report from the working group" (10-4-2001) no site <www.publications.parliament.uk>.

174 "Lords reform", (...) (research paper 00/60) de 14-6-2001.

175 "Proposed code of conduct for members of the House of Lords"; anexo 1 ao "Report from the working group (...)" (10-4-2001)" no site <www.publications.parliament.uk>.

mulação de parâmetros é uma ruptura sutil, mas consistente, com a tradição parlamentar britânica.

Tal rompimento foi assinalado por carta enviada, em abril de 2001, à baronesa Jay of Paddington, por Lord Elton e Lord Kingsland.[176] Ambos centram suas críticas no que consideram progressivo assemelhamento entre sua Casa parlamentar e a dos comuns; emergência de uma "cultura de delação mútua" entre seus pares, que seria estimulada pelo novo código, pondo sob suspeição todos os interesses externos ao Parlamento.

Enfim, também, o Parlamento europeu adotou, em novembro de 1999, um estreitamento da sua imunidade parlamentar a fim de fortalecer os inquéritos conduzidos pelo Organismo Europeu de Luta Antifraude (Olaf).[177] Excetuando o direito de o parlamentar se recusar a prestar depoimentos,[178] todos os demais aspectos da imunidade cedem, parcial ou totalmente, ante os inquéritos do organismo, o qual é ainda obrigatoriamente informado sobre qualquer pedido de levantamento da imunidade de um deputado europeu.[179]

O regimento interno do Parlamento europeu estabelece um procedimento sumário sobre levantamento/confirmação da imunidade de um deputado, que é apenas ouvido imediatamente (ou representado por outro deputado), sem participar da sessão plenária decisiva, a qual tem precedência sobre qualquer outra pauta de votações.[180]

Judicialização da política ou sua dissolução pelo direito?

Não é fácil para um cientista político (e ativistas, principalmente profissionais, da luta política) admitir a tendência contemporânea ao deslocamento do fenômeno político pelo jurídico, exposta até aqui. Implica romper com a confortável delimitação rigorosa da política como atividade humana absolutamente distinta das práticas jurídicas e, principalmente, com o esquema em que a modernidade nos habituou, reservando ao direito uma posição de imobilidade no eixo da

---

[176] "Letter from Lord Elton and Lord Kingsland to the leader of the House of Lords", anexo 2 ao "Working group report on standards of conduct in the House of Lords" no site <www. publications.parliament.uk>.
[177] Art. 9º, bis do regulamento do Parlamento europeu, disponível no site oficial <www.2.europarl.eu.int>.
[178] Art. 4º da "Decisão do Parlamento europeu relativa às condições e regras dos inquéritos internos em matéria de luta contra a fraude, a corrupção e todas as atividades ilegais lesivas da Comunidade (anexo XI ao regimento do Parlamento europeu)", no site oficial <www2.europarl.eu.int>.
[179] Art. 7º da decisão do Parlamento europeu.
[180] Art. 6º, bis do regimento do Parlamento europeu.

sociabilidade. Como apreciar um fenômeno jurídico que **movimenta** valores, interesses e agregações sociais (e não apenas **se** movimente entre os mesmos), quando estamos acostumados a confiar à atividade política esse papel?

A dificuldade de lidar conceitualmente com o avanço do direito sobre as arenas políticas tem sido apreendida (pelos cientistas sociais que o reconhecem) como um processo de "judicialização da política".[181] Segundo esta tese, por um lado, os operadores do direito (especialmente os juízes) se mobilizam para interferir na luta política e, de outro lado, os agentes políticos (especialmente administradores e parlamentares) adotam procedimentos análogos aos judiciais no desempenho de suas funções.

Estaria em curso uma maior interpenetração entre o direito e a política, causada pelo crescimento daquele, revelado pela expansão, globalmente verificada, do Poder Judiciário: um "gigante adormecido", que "despertou" para uma inserção mais efetiva na sociedade e na história.[182]

O problema do conceito de "judicialização da política" não reside no que ele revela (a ascensão do direito em temas, até então, exclusivamente políticos), mas no que ele oculta ou, ao menos, subestima: a **novidade histórica** da substituição (intermitente, progressiva, lenta, mas, até o momento, ininterrupta) da política pelo direito em temas socialmente relevantes. A ruptura, pelo direito, de seu compromisso histórico (que marca a modernidade desde sua eclosão ao final da Idade Média) com a política, pelo qual ele a condicionaria em suas manifestações, a fim de que ela não ocupasse todo o espaço social.[183] Mesmo no chamado "capitalismo organizado" (inclusive como "welfare state"),[184] caracterizado pelo cruzamento entre Estado e mercado, o direito permaneceu como seu marco de delimitação. Ao direito cabia **auxiliar** a política na racionalização da sociedade.[185]

Na atualidade, o direito deixa de ser o marco da política, fornecendo-lhe as bases para a institucionalização e organização da sociedade como tarefas exclusivas daquela. O direito não é mais **instituído** para ou pela política; passa a ser **instituinte** dela, na medida em que legislar e administrar vão se tornando meros

---

[181] Tate e Vallinder (1995).
[182] Tate e Vallinder (1995).
[183] Bobbio (1992a).
[184] Apesar de suas variações, o modelo do Estado de bem-estar social ("welfare state"), minado pelas políticas de favorecimento ao mercado a partir da década de 1980, implicava constante intervencionismo governamental na ordem social. Nele, os direitos sociais (saúde, educação, trabalho) se configuram como instrumentos das políticas públicas sobre o mercado (Esping-Andersen, 1990).
[185] Bobbio (1992a).

modos de regulamentação de princípios jurídicos superiores (legais, constitucionais, supraconstitucionais) ao Estado. O direito não é mais a argamassa das obras políticas; é o ácido que as corrói, desmanchando-as e substituindo-as por suas próprias instituições.

Além de resistir ao reconhecimento da crescente dissolução da política pelo direito, o conceito de "judicialização da política" é conservador, ao enfatizar no fenômeno a ascensão do Judiciário no jogo político, até então travado principalmente, ou exclusivamente, entre Executivo e Legislativo. Ora a revalorização do Judiciário é um aspecto do chamado deslocamento da política pelo direito, mas não corresponde a todo o processo, nem ao seu essencial, por três razões:

- porque o Judiciário não tem sido guindado à condição de apenas mais um parceiro do jogo institucional dos poderes, mas à de **instância decisiva** do sistema (expressa pelo carreamento dos "conflitos de atribuições" entre os órgãos estatais para os guardiões constitucionais, conforme os casos norte-americano, brasileiro, espanhol, italiano, francês, alemão discutidos acima), como **a** arena decisória da modernização do Estado como um todo;
- porque não atenta suficientemente para a miríade de instituições externas ao Judiciário que proliferam como instâncias de resolução de conflitos (expressa pelo reforço do *ombudsman* na Europa e sua extensão ao continente americano, inclusive em sua criativa inserção no Ministério Público brasileiro);
- porque não vislumbra a expansão do direito em instituições diversas do modelo judicial,[186] onde, embora não haja mudanças na sua **forma**, ocorrem importantes mudanças **de funcionamento**, cuja dinâmica política dá lugar à dinâmica jurídica (como nas comissões parlamentares que debatem as responsabilidades pela deflagração de guerra ou falhas da segurança nacional, após 11 de setembro de 2001, na Grã-Bretanha e nos EUA).

A evolução das instituições que conjugam o direito e a política em seu funcionamento, estabelecendo interfaces entre ambos, demonstra que o jurídico se expande **em detrimento** e **oposição ao** político.

É o que se configura no incremento da jurisdição por organismos internacionais e comunitários (instalação do Tribunal Penal Internacional, fixação da Comissão Européia como Ministério Público da Comunidade), na vinculação da prestação de serviços públicos (consolidação das agências reguladoras independentes, inclusive por sua extensão ao cenário europeu), na autonomização de ór-

[186] O protótipo judicial é o ponto de partida das análises de Shapiro (1986).

gãos públicos para apoio da cidadania (os vários *ombudsman*, incluindo o novo Ministério Público brasileiro), na jurisprudência constitucional ofensiva sobre os poderes políticos para efetivação de direitos fundamentais (Supreme Court norte-americana, Bundersverfassungsgericht alemão, Conseil Constitutionnel francês), na qualificação jurídica de atos governamentais (a ampliação conceitual da probidade administrativa no constitucionalismo latino-americano, o Ethics in Government Act para a máquina executiva norte-americana, o fortalecimento do Olaf europeu) e na sujeição das relações internas e externas do Parlamento aos direitos subjetivos dos cidadãos (o refluxo das imunidades parlamentares na Espanha de 1990, na Itália de 1993, na França de 1995, no Brasil de 2001). Todas essas instituições e institutos nasceram políticos e vêm se tornando (alguns, já inteiramente) jurídicos.

Tais instituições são excelentes laboratórios das relações entre direito e política, por conterem ambas as dinâmicas. Neste sentido, política é a dinâmica de uma instituição cujo parâmetro decisório é concomitante ou simultâneo ao seu funcionamento (seus agentes atuam orientados pela conveniência circunstancial do momento), enquanto jurídica é a dinâmica de uma instituição cujo parâmetro decisório é prévio/anterior (e mesmo superior) ao seu funcionamento (seus agentes atuam orientados pela otimização de uma regra a ser, permanentemente, aplicada).[187]

Creio que estes critérios revelam **objetivamente** quando uma instituição integra o campo da política ou do direito (independentemente do poder ao qual pertençam), ainda melhor do que critérios formais, ao centrar a análise das instituições em seu efetivo funcionamento. O quadro 1 representa meus pressupostos de análise institucional.

Quadro 1

Dinâmicas institucionais	**Parâmetros de funcionamento**	**Orientação dos agentes**	**Discricionariedade das práticas**
Política	Circunstâncias conjunturais	Atos de conveniência da oportunidade	Ampla (máxima)
Jurídica	Regras prévias e vinculantes	Atos de otimização das normas	Restrita (mínima)

187 A vinculação à regra é um dos elementos do protótipo judicial como tipo ideal, utilizado por Shapiro (1986).

Aplicando os critérios do quadro 1 às instituições de interface entre o direito e a política, expostas nos tópicos anteriores, percebemos que a dinâmica política prevalecia em sua origem e primórdios, cedendo terreno interno, à medida que evoluíam, à dinâmica jurídica. Sua inflexão se deu durante as últimas duas décadas do século passado.

Assim, embora seja inegável o avanço dos mercados (principalmente o externo) na crise dos Estados, a expansão do campo jurídico também foi e ainda é um dos propulsores da modernização e reforma das instituições públicas legadas pela modernidade.

A ampliação do direito resulta como impacto institucional da emergência dos chamados interesses difusos: à globalização corresponde a doutrina Annan (secretário-geral da ONU a partir da década de 1990) que substitui os Estados pelos indivíduos como os titulares do direito internacional; ao meio ambiente se deve a constituição da primeira agência reguladora independente (EPA) do governo norte-americano e a reprodução de suas congêneres em outros quadrantes, sendo presente a temática ambiental ainda nas demais agências especializadas em saúde, energia, recursos renováveis ou não, etc.; as relações com usuários de serviços públicos estão na base das atividades dos *ombudsman* revigorados; a ética pública é o objeto central da produção jurisprudencial apresentada pelos tribunais constitucionais (Alemanha, Itália, Espanha, França, Brasil, Argentina, Paraguai, Grã-Bretanha e até nos EUA).

Portanto, "judicialização da política" não é um conceito errôneo, mas insuficiente ante a magnitude do processo em curso, pelo qual o direito se imiscui em instituições políticas, através dos tribunais, como na amputação da imunidade parlamentar italiana, mas também sem o recurso ao Judiciário, como na juridificação da disciplina legislativa dos lordes ingleses.

A tendência detectada aponta para a substituição da política, cada vez mais dissolvida pelo direito, na regulação dos interesses difusos. Como não há sinais de que estes não continuarão se ampliando, dada a dinâmica da sociabilidade contemporânea, não há exagero na expectativa de encolhimento e desaparecimento da política (e do Estado como bloco de poder): uma utopia anarquista realizada pelo direito.[188] Nem toda a política, mas sua expressão institucional, moderna, de

---

[188] O desaparecimento do Estado é um tema de diversas vertentes do pensamento político, embora diversamente da proposta anarquista de pura supressão. Gramsci (1984) aponta sua reabsorção pela "sociedade regulada"; Hirst (1994) aponta seu desmembramento em prol das associações organizadas e Nozick (1991) aponta sua relegação a tópicos excepcionais à dinâmica da sociabilidade.

Estado: a "grande política",[189] como atividade que institucionaliza a sociedade, segundo projetos de ordem pública.

A mesma tende a ser mais uma construção social mediada por um ordenamento jurídico, calcado em um núcleo consensual de valores (os "direitos humanos" interdependentes), para os quais o Estado só existe como instituições especializadas na implementação dos vários direitos de cidadania (principalmente os difusos). O governo do povo se tornaria o serviço aos cidadãos.[190]

Já na década de 1980, durante as experiências neoliberais que abriram maior espaço ao mercado – antes ocupado pelo Estado –, as políticas da "nova direita" buscavam extrair sua legitimidade da efetivação de direitos da população (que, supostamente, adviriam das operações de privatização da máquina pública).[191] Uma comparação entre suas interpelações ideológicas e as praticadas pelas esquerdas que se renovaram no processo demonstraria, porém, que a cidadania se tornara um lugar comum a todo o espectro ideológico.

Hoje, da direita à esquerda (politicamente relevantes), em cada sociedade ocidental, os programas partidários têm na cidadania o seu nexo de sentido. Todas as forças políticas organizadas e protagonistas em cada processo político nacional o disputam como guardiões da cidadania, sendo vitoriosas aquelas que convencem a população como portadoras das políticas mais adequadas ao exercício de seus direitos. Toda hegemonia já é uma **política de cidadania**.

Apesar das discrepâncias programáticas, as esquerdas italiana (PDS) e brasileira (PT),[192] as direitas inglesa (conservadores) e alemã (CDU),[193] democratas e republicanos (EUA), enfim, todas as políticas com vocação hegemônica têm na cidadania seu campo ideológico. Legitimam-se nela, sendo-lhes comum a proposta de separação entre política partidária e administração pública (entregando-a, pois, aos cuidados exclusivos do direito). A própria legitimidade da política contemporânea já reside no direito.

---

[189] Termo gramsciano para a luta política que, na sua interpretação de Maquiavel, é travada no interior ou para a construção de um sistema estável de relações entre governantes e governados **em geral**.

[190] A "sociedade dos cidadãos" seria um contexto social em que todos (**sem exceções**) interpretam a Constituição (e o direito) porque a vivem, na tese de Häberle (1997).

[191] King (1987).

[192] O Partito Democratito della Sinistra, sucessor do Partido Comunista Italiano, galvanizou o governo como força política depositária da ética pública. Esta caracterização consta desde sua criação (1991), cujo programa previa a separação entre política e administração pública. O mesmo ocorreu com o Partido dos Trabalhadores, cujo líder, após diversas tentativas, chegou ao governo brasileiro em 2002, quando sua campanha substituiu os temas do trabalho pelos da cidadania **em geral**.

[193] As interpelações à cidadania pelos conservadores britânicos (Margaret Thatcher) são expostas por King (1987). A Democracia Cristã (CDU) foi a força política germânica que conduziu a reunificação da população, ao leste (principalmente quanto à restauração de direitos civis), conferindo-lhe expressivas vitórias eleitorais na região.

Capítulo 2

O direito contra o mercado

Entretanto, isto não decorre de qualquer acordo, mas da coincidência acidental entre certos interesses numa ocasião determinada.
ADAM SMITH

Mercado como regulação social

Mercado supõe trocas: comportamentos praticados como satisfatórios de outrem **para** a obtenção de um equivalente. Assim, os comportamentos se ligam de modo que eles ocorrem em função do outro, cuja expectativa (motivação) determina sua prática. Portanto, a troca regula comportamentos, à medida que eles são impulsionados como transações.[194]

Mas a troca não supõe o mercado. As ciências sociais já revelaram que ela era praticada nas sociedades antigas, ainda que não com a generalização apresentada pelas sociedades modernas. Mecanismos de reciprocidade obrigatória ou de redistribuição praticada pelo Estado propiciavam relações de troca naquelas sociedades.[195] O que caracteriza, pois, a troca **mercantil**?

Em primeiro lugar, a sua **espontaneidade**. É mercantil a troca sem compulsão externa, na qual seus participantes efetivamente transacionam como seres livres. Por isso o surgimento do mercado teve de esperar o nascimento histórico do indivíduo como sujeito humano dotado de liberdade para a escolha de suas prefe-

---

[194] Lindblom, 1976, cap. 2.
[195] Polanyi, 2000:99, 107.

rências. Mesmo quando a troca é uma relação continuada (estabilizada em **contrato**), não se admite a renúncia à liberdade,[196] por ela ser um pressuposto da troca e jamais, portanto, seu objeto.

Em segundo lugar, a sua **contingência.** É mercantil a troca sem vinculação prévia entre seus participantes, únicos a decidirem sobre a conveniência da transação. Significa que o **resultado** da troca efetivada também é indeterminado, sendo suas relações comparáveis aos jogos, nos quais o acaso conta tanto ou mais que os méritos dos participantes.[197] Mesmo as proibições legais apenas marcam exceções quanto ao modo, objeto e/ou finalidade das trocas, sem demarcá-las inteiramente.

Trocas voluntárias e contingentes são as que encontramos no mercado (na modernidade), porque sua normatividade é a chamada lei da oferta e da procura (demanda). Ambas compõem uma polaridade na qual os comportamentos se apresentam como **complementares** uns dos outros (e vice-versa). Assim, cada comportamento visa atender a outro que, por sua vez, também o atende.

Todo comportamento é um reflexo invertido de outro, cuja prática é o próprio motivo daquele. Portanto, agir é oferecer um benefício, cuja fruição depende da solicitude alheia e adequada, presente em outra ação (sem qualquer garantia de sua prática).[198]

Sob a égide da oferta *versus* procura, relações sociais se estabelecem como adaptações contínuas, tendentes ao infinito, entre os diversos planos individuais de vida. Espontaneidade dos envolvidos e incerteza do objeto são as normas que disciplinam as relações de mercado, as quais podem ser encontradas em atividades não-econômicas, como no voto clientelístico ou mesmo na formação de algumas sociedades conjugais. Por isso, o mercado tem sido comparado a uma "mão invisível" que agrega comportamentos em relações sociais, sem que os indivíduos, geralmente, a percebam no momento em que ocorrem e, jamais, antes de sua ocorrência. A "invisibilidade" do mercado resulta da incerteza (contingência)[199] como disciplina das relações sociais.

---

[196] "A concepção liberal de liberdade freqüentemente foi descrita como termo meramente negativo, e com toda razão. Tanto como paz e justiça, ela se relaciona com a ausência de um mal" (Hayek, 1994:40-41).

[197] Ainda que a justificativa dessa ordem resida no fato de que as oportunidades de todos são aumentadas e a posição de cada um dependa amplamente de seus próprios esforços, o resultado, para cada indivíduo ou grupo, continua dependente de circunstâncias imprevistas que nem o indivíduo nem alguém outro pode dirigir" (Hayek, 1994:46).

[198] (...) é essa adaptação recíproca dos planos individuais que leva as pessoas a serem úteis umas às outras quando aplicam seus conhecimentos e habilidades próprias para atingir seus objetivos (Hayek, 1994:45).

[199] (...) esse processo, através do qual numa economia de mercado as parcelas do indivíduo são determinadas, é, por isso, freqüentemente, comparado a um jogo, no qual o resultado de cada indivíduo depende em parte de habilidade e esforço, mas também, em parte, da sorte (Hayek, 1994:46).

Mercado e interdependência social

O mercado surge como ameaça à interdependência biossocial. Ao converter terra, energia e trabalho (portanto, inclusive o próprio ser humano) em mercadorias (fictícias, pois não são produzidas por alguém para a venda), o mercado inaugurou relações de troca cujo objeto é a natureza básica da sociabilidade. Ou seja, surgiu como ameaça direta à interdependência básica e nuclear de qualquer sociabilidade. Sua normatividade agredia, assim, a própria sociedade em seus fundamentos de coesão: os corpos humanos, os ciclos naturais, os recursos geofísicos, enfim, os vínculos básicos, interdependentes, da vida social.[200]

A reação social à dilapidação desta interdependência humana essencial foi veiculada pelo direito, como disciplina da emergente afluência fabril, opondo um contramovimento de proteção da sociedade. A *speenhamland law* inglesa foi o paradigma da resistência social à extensão da mercantilização aos fundamentos da sociabilidade, impondo-lhe restrições jurídicas.[201]

Com a sua consolidação como esfera social autônoma, porém, o mercado não apenas incorporou os limites legais à sua incidência sobre a natureza essencial do convívio humano. Também se revelou como a principal força propulsora de outro tipo de interdependência. À generalização das relações de troca correspondeu a disseminação de interdependências relativas, características da sociedade moderna.

Nas relações de troca ocorrem, simultaneamente, dois movimentos inversos: **vinculação** e **desvinculação**. O vínculo se dá entre os parceiros da transação (dois ou mais indivíduos), que se tornam interdependentes entre si. Já entre eles e todos os demais (que incluem os outros indivíduos da sociedade, integrantes ou não de outras relações sociais) ocorre desvinculação. De fato, um objetivo inerente a qualquer relação de troca é a independência dos envolvidos diante da sociedade a fim de que os parceiros dependam apenas um do outro.

Se cada relação de troca é um vínculo de interdependência **relativa** (apenas aos seus envolvidos), é evidente que os ônus destas relações sejam descarregados sobre **todos os que não a integram** (ainda que eventualmente sejam parceiros em outras relações): afinal, a sociedade inteira está excluída, porque alheia à transação. Por isso, a modernidade é uma teia de interdependências relativas, tantas quantas parcerias se efetivem.

---

[200] Polanyi, 2000:161, 165.
[201] Ibid., p. 137, 150.

As cooperações promovidas pelas relações de troca mercantis não apenas consolidaram o indivíduo como sujeito histórico central da modernidade, como ampliaram a riqueza material da sociedade a níveis inéditos. Os conflitos entre parceiros (de cada relação de troca) e não-parceiros (alheios à dada relação de troca) problematizaram quaisquer movimentos de redistribuição dos recursos produzidos, mas são componentes igualmente importantes do progresso material, já que a dependência mútua dos parceiros é o principal meio para o alcance da sua independência social (da sociedade), ainda que provisória (enquanto durar a relação ou seus benefícios). De fato, o capitalismo não é mera concorrência; nele coopera-se (entre parceiros) para competir (com os demais).[202]

O outro lado da interdependência social, obtida pela exclusão da sociedade como um todo, a tornou o alvo preferencial dos custos e ônus gerados pelas diversas parcerias. São as chamadas **externalidades negativas**[203] advindas de atividades e processos inovadores, mas, dada a natureza da interdependência relativa, seus aspectos nocivos tendem a ser carreados para a sociedade, em vez de partilhados por seus criadores: a indústria que polui, a ciência que contamina, o espetáculo que ofende.

Por esse aspecto, o mercado se revela, contemporaneamente, como fonte de um outro tipo de interdependência, cuja abrangência e intensidade alcançam o conjunto da sociedade. Diversamente da interdependência relativa, que se dissemina pela sociabilidade, a **interdependência absoluta** emergente **cria** relações que incluem a sociedade inteira.[204] São os temas socialmente **difusos** produzidos pela generalização das externalidades negativas, quando elas atingem **diretamente** a todos os membros da sociedade. Derivam das **deseconomias de escala**, da **ecologização generalizada** e da **vulnerabilização social**.

As deseconomias de escala são as dificuldades que crescem, exponencialmente, para a direção de uma empresa, juntamente e em razão do seu crescimento. Como crescer é uma meta permanente, porque intrínseca da organização empresarial, aumentam os custos de seu controle e isso afeta sua rentabilidade.[205]

Empresas são agregações de fatores produtivos com dinâmicas específicas, o que exige diuturna coordenação e, portanto, desgaste contínuo de seus mecanismos decisórios, impondo a precariedade dos mesmos (inclusive tecnológicos) na

---

202 Lindblom (1976).
203 De Swann (1965).
204 Morin, 1986:331.
205 Woodward, 1976:59, 63.

busca incessante de dirigentes sintonizados com as novas conjunturas (não só econômicas). Monta-se um círculo vicioso: a substituição constante de executivos é necessária à formulação de novas abordagens, mas a rotatividade na direção também incrementa os custos de controle. Paradoxalmente, a empresa cresce mediante decisões que, subseqüentemente, irão depreciá-la.

A ecologização se generaliza quando ela deixa de ser apenas um lema ambientalista, cujos movimentos apelam pela consideração do meio ambiente como variável indispensável,[206] ao lado dos fatores econômicos, nas decisões estatais e empresariais. Na verdade, o avanço do mercado (principalmente da urbanização como face visível) configurou novos ambientes cuja interdependência técnico-humana é tão evidente que favoreceu a emergência de demandas ecológicas muito além da mera conservação dos ecossistemas naturais.[207] Hoje, por exemplo, a saúde não é uma preocupação restrita à ausência de doenças sintomáticas, estendendo-se ao ambiente de trabalho, ao consumo de produtos, à fruição de serviços. Enfim, integra uma gama de anseios por "qualidade de vida" nos ambientes criados pelo mercado.

A vulnerabilidade da sociedade é uma realidade devida à contemporânea dependência (ensejada pela permanente competição para redução dos custos materiais, ou seja, pelo movimento histórico do mercado, ao menos desde a primeira Revolução Industrial), alcançada desde fins do último século. Se as forças produtivas da sociedade dependem diretamente da tecnologia, o conjunto social se torna imediatamente dependente das técnicas.[208]

Tal convergência tecnológica gera uma interdependência que tende a envolver toda a sociedade. Exemplos desta interdependência que é enfraquecimento social foram a sujeição da sociedade norte-americana (a cidade de Nova York) a dois sinistros: um intencional (a destruição das "torres gêmeas") e outro não-intencional (o blecaute pelo truncamento da transmissão de energia elétrica) em 2001 e 2003.

Assim como colidiu com a interdependência biossocial das sociedades tradicionais, o mercado colide hoje com a interdependência tecnocultural da sociedade contemporânea. O direito, pela extensão do âmbito de suas normas, foi a solução para o conflito entre mercado e sociedade. Pretendo demonstrar que a

---

[206] McCormick (1994).
[207] Lopes (1994).
[208] Morin, 1986:331.

expansão atual do direito sobre o mercado é um movimento ensejado por seu conflito contemporâneo com os novos interesses difusos da sociedade.

Creio, porém, que se trata de um processo de envergadura inédita, principalmente por apontar para uma progressiva – e efetiva – **absorção** do mercado pelo direito. Neste sentido, investigo as inovações jurídicas nos temas centrais do mercado contemporâneo: os fluxos financeiros, as decisões empresariais e os problemas corporativos das empresas.

Fluxos financeiros versus direito global

O processo de globalização econômica, pelo qual os fatores produtivos do planeta se ligam diretamente, transforma as relações entre os diversos mercados nacionais. Se a economia **internacional** estabelecida se caracteriza pela concatenação entre os mercados nacionais, a economia **mundializada** emergente apresenta a interpenetração direta entre os mercados locais (principalmente a partir da constituição de blocos econômicos), apontando para o fim da distinção entre mercados externo e nacional.[209]

A ligação direta entre os fatores econômicos do planeta enseja um contexto de interdependência absoluta no qual se radicaliza a fluidez dos investimentos externos. O resultado é a volatilidade de todas as economias nacionais, muito além dos ciclos de expansão e depressão que, normalmente, se sucedem. Com a globalização dos mercados, deixam de ser inusitadas situações de interrupção abrupta de processos de crescimento nacionais (pela debandada de investimentos para outros pontos do globo) e de depressão generalizada (pela pulverização global dos ativos externos).

Também amplia-se a dilapidação dos recursos globais, já que o deslocamento para outros quadrantes do planeta tem custos menores que o reinvestimento em formas sustentáveis de produção. A volatilização permanente do ambiente (econômico e ecológico) planetário emergente gera um interesse difuso (global) na regulação dos fluxos do mercado mundial.

Desde o Protocolo de Kyoto – cidade japonesa na qual se firmou em 11 de dezembro de 1997 um acordo que vincula legalmente os mais de 150 Estados nacionais que participaram da convenção sobre mudanças climáticas em junho de 1992, no Rio de Janeiro –, emerge um "direito global" incidente sobre questões

---

[209] Chesnais (1996).

planetárias.[210] O clima terrestre (com o alastramento das desertificações, o aumento dos índices de chuvas, o aquecimento e expansão dos oceanos, as tempestades onde nunca ocorreram antes) inaugurou o planeta como objeto de relações jurídicas, à medida que as mudanças climáticas são mais rápidas que em qualquer outra época da história da humanidade.

Mesmo sem certezas científicas incontestáveis, a magnitude do risco de uma mudança permanente e irreversível do clima fez constar, na convenção sobre o clima (Rio-92), um dispositivo para estabilizar as concentrações de gases de efeito estufa na atmosfera "em um nível que impeça uma interferência antrópica (provocada pelo homem)". O Protocolo de Kyoto cristaliza juridicamente o tema em seus 28 artigos.[211]

Os artigos 11 e 12 do protocolo configuram mecanismos de regulação das atividades econômicas de repercussão global, estabelecendo disciplinas jurídicas sobre desenvolvimento limpo e seu financiamento.

O artigo 12 institui o mecanismo global de desenvolvimento limpo. Seu terceiro tópico alude a benefícios para projetos cujas atividades resultem em reduções (certificadas) de emissões, bem como de utilizações destes certificados para o cumprimento de compromissos do protocolo. O sexto tópico impõe a prestação de assistência (mediante fundos) para atividades econômicas certificadas. O quarto tópico estabelece órgãos para dirimir controvérsias sobre a dinâmica do mecanismo de desenvolvimento limpo pela conferência respectiva da ONU e por um conselho de supervisão, conferindo-lhes caráter judicial.[212]

O artigo 11 regula o provimento e o fluxo de recursos financeiros pertinentes à conversão de atividades econômicas limpas. No seu segundo tópico os prevê "inclusive para a transferência de tecnologias de que necessitem as partes – países em desenvolvimento para cobrir integralmente os custos incrementais para fazer avançar a implementação dos compromissos". Também determina "levar em conta a necessidade de que o fluxo de recursos financeiros seja adequado e previsível e a importância da divisão adequada do ônus entre as partes – países desenvolvidos". [213]

Contribuir para a estabilização da economia global é a meta central explícita da Organização Mundial do Comércio (OMC), criada em 1995. O sistema anterior

---

[210] A expressão é do jurista italiano Stefano Rodatá, em palestra realizada na Procuradoria do Município do Rio de Janeiro, reproduzida no jornal *Tribuna do Advogado* (da Ordem dos Advogados do Rio de Janeiro).

[211] Protocolo de Kyoto (11-12-1997), art. 3º.

[212] Id.

[213] Id.

não continha mecanismos de efetivação (*enforcement*) e se plasmava no acordo geral sobre tarifas e comércio (Gatt) que durou 50 anos (até 1994). A globalização dos mercados o tornou obsoleto, sendo então sucedido pela OMC, também como órgão competente para seu julgamento, o que consiste em novidade institucional histórica. O direito básico que lastreia suas intervenções reside nos acordos internacionais negociados em seu âmbito, principalmente os prévios à sua instituição (1986-1994), realizados durante a "Rodada Uruguai" e assinados na conferência ministerial de Marrakesh, em abril de 1994.[214]

O fortalecimento da OMC é um processo em curso ascendente. Sua estruturação se solidifica pela inclusão de cerca de 150 Estados nacionais (em 23 de abril de 2004), abrangendo mais de 97% do comércio mundial (30 outros negociam sua participação).[215] O incremento de seu ordenamento jurídico, após os acordos (*final act*) de criação ("Rodada Uruguai"), continuou com a conferência ministerial de Doha, em novembro de 2001. Suas regulações se estendem a consumidores e produtores de bens e serviços, importadores e exportadores.[216]

A própria OMC assinala que, embora assinados pelos governos, os acordos se referem imediatamente aos agentes econômicos.[217] Sua orientação se concentra em quatro princípios jurídicos (*equitable, fast, effective, mutually acceptable*) para o processamento de disputas[218] por descumprimento de acordos (o velho Gatt possuía procedimentos informais, sem regras processuais rígidas, como a OMC). Também é dotada de parâmetros para a apreciação do mérito dos casos,[219] mediante cinco princípios de justiça – *trade without discrimination, free trade gradually (through negotiation), predictability, promoting fair competition, encouraging development* – em busca de um comércio mundial livre e justo.

A "jurisdição universal" (planetária) da OMC é problematizada – além de por seu próprio objeto (a realidade injusta e cambiante do comércio internacional) – por fatores internos: sua prioridade à resolução de disputas mediante con-

---

214 "The multilateral trading system – past, present and future" (documento da OMC) no site oficial <www.wto.org>.

215 Estrutura e organização da OMC, na sua página eletrônica "What is the WTO?" do site oficial <www.wto.org>.

216 Id.

217 "The WTO in brief" no site oficial da OMC <www.wto.org>.

218 "A unique contribution" na página eletrônica "Understanding WTO: settling disputes" do site oficial <www.wto.org>.

219 "Principles of trading system" na página eletrônica "Understanding WTO: basics" do site oficial <www.wto.org>.

ciliações fez com que, em maio de 2003, apenas um 1/3 dos casos (cerca de 300) tivesse seus processos encerrados, enquanto a maioria do restante permanecia em prolongadas fases de consulta (alguns desde 1995).[220]

Os membros de seu *appelate body*, entretanto, já apresentam inequívoco caráter judicial. Cada apelação à OMC é analisada por três membros (dos sete totais), cujo mandato é estável (quatro anos) e cuja qualificação exige, além de notório conhecimento jurídico e de comércio internacional, não serem vinculados a quaisquer governos.[221]

Apesar destas dificuldades institucionais, a OMC já é uma referência de "jurisdição universal". Em 2001, os EUA registraram queixa contra o Brasil (retirando-a em junho) pela quebra de patentes de alguns medicamentos importados para distribuição gratuita aos portadores da Aids no país.[222] Em setembro de 2003, foi o campo de arbitramento dos conflitos entre países desenvolvidos e em desenvolvimento, mediados por Supachai Panitchpadki (diretor-geral da OMC), e do qual participou até o "Grupo de Cairns" (reunião de 17 países agroexportadores, formada, inicialmente, para negociar à margem da OMC).[223]

Em novembro de 2003, a OMC enfrentou a maior potência econômica, considerando ilegais as tarifas norte-americanas à importação do aço,[224] fixadas em 2002. Em dezembro de 2003, o governo norte-americano acatou o julgamento da OMC, retirando as tarifas.[225] Em abril de 2004, decisão preliminar condenou os subsídios à multibilionária indústria do algodão norte-americana, incitada por denúncia brasileira.[226]

A importância do fato foi ressaltada pelo senador Kent Conrad, como de conseqüências extraordinárias para a América rural,[227] e pelo governo brasileiro, o qual já considerava uma vitória ter aberto a disputa, pois isso levou a OMC a produzir interpretações (jurisprudência) sobre os acordos agrícolas e de subsídi-

---

220 "Understanding WTO: settling disputes" do site <www.wto.org>.

221 Seção "Appeals" da página <www.wto.org>.

222 Relatado na página "Consumidor S.A.", do Instituto de Defesa do Consumidor (Idec) no site <www.idec.org.br> (acesso em 13-5-2004).

223 Matéria do *Jornal do Brasil*, p. A22, de 10-9-2003, "Países em desenvolvimento juntos na guerra do comércio".

224 Matéria do *New York Times* de 11-11-2003, "U.S. tariffs on steel are ilegal, WTO says".

225 Matéria do *New York Times* de 4-12-2003, "After 21 months, Bush lifts tariff on steel imports".

226 Matéria do *New York Times* de 4-5-2004, "Brazil's road to victory over U.S. cotton".

227 Matéria do *New York Times* de 28-4-2004, "Lawmakers voice doom and gloom on WTO ruling".

os.[228] A vitória brasileira exprimiu a OMC como instância de julgamento e condenação das práticas comerciais injustas.

A relevância crescente dos investimentos estrangeiros para **todas** as sociedades globalizadas (US$ 235 bilhões em 1995, segundo a Unctad – Conferência para Comércio e Desenvolvimento da ONU)[229] tem impulsionado a sua juridicidade. A conferência ministerial da OMC (9 a 13 de dezembro de 1996) em Cingapura constituiu um grupo de trabalho específico para o tema.[230]

Nesse sentido, embora ainda não haja um direito consistente sobre investimentos estrangeiros no plano internacional, vários passos vêm sendo dados, desde a última década do século passado. A regulação de inversões diretas é um tema constante dos tratados internacionais.

Em dezembro de 1994 adveio um acordo de magnitude supra-regional (Energy Charter Treaty), incluindo 50 Estados, sobre investimentos no setor energético. Abrangendo inicialmente os blocos da União Européia e da Comunidade de Estados Independentes (inclusive a Rússia), foi incluindo, até 1995, o Japão, a Austrália, o Canadá e os EUA (embora este país o tenha abandonado, posteriormente).[231] Em documento da mesma época, a Comissão Européia apontou várias razões em prol da padronização global[232] dos investimentos diretos estrangeiros.

Desde novembro do mesmo ano, vigora o acordo Multilateral Investment Guarantee Agency (Miga) em 125 países. Ainda que ele não disponha sobre a proteção das economias nas quais aportam os investimentos estrangeiros, suas regras (elaboradas sob os auspícios do Banco Mundial em 1985 e 1988) elencam condições a serem preenchidas por projetos de investimentos.[233]

Além dos tratados internacionais, as legislações nacionais vêm agregando normas sobre as relações entre investidores estrangeiros e economias hospedeiras das inversões diretas.[234] De todo modo, já é possível identificar um princípio ju-

---

228 Matéria do jornal *Valor Econômico* de 26-4-2004, "Brasil pode ter ganhos hoje contra os EUA na briga de subsídios". Em agosto de 2004, a OMC conferiu vitória brasileira sobre a recorrente potência européia (EU), condenando os subsídios ao seu setor açucareiro. Matéria do jornal *O Globo* de 5-8-2004, "Brasil vence a guerra do açúcar na OMC".

229 Häde, 1998:52.

230 Ibid., p. 74.

231 Ibid., p. 70-71.

232 Ibid., p. 73.

233 Ibid., p. 69.

234 Ibid., p. 65-66.

rídico comum[235] às doutrinas produzidas nos planos internacional e local: a admissão de expropriação do investidor apenas como compensação ao país-hóspede (*expropriation-compensation*). Há, no entanto, muitas controvérsias sobre as modalidades de compensações, revelando óbvia insuficiência no "direito global" de investimentos, embora tenha se iniciado o tratamento do tema fundamental da relação entre economia local e investidor externo.

Órgãos nacionais vêm se inserindo ou mesmo sendo construídos para a jurisdição de relações econômicas internacionais. Assim, os EUA possuem uma comissão para o comércio internacional em caráter parajudicial, que recebeu queixa dos produtores locais de camarão contra as exportações advindas de seis países (Equador, Índia, Vietnã, China, Tailândia e Brasil),[236] sob acusação de *dumping* (venda por preço abaixo do custo para vencer a concorrência interna). Também a negociação para a venda da Empresa Brasileira de Telecomunicações (Embratel) à mexicana Telmex, por suas implicações na operação de telefonia nos EUA e no Brasil, foi discutida na Corte de Falências de Nova York e no Tribunal de Justiça do Rio de Janeiro, ponderando juridicamente o impacto econômico da operação.[237]

O caráter especulativo que marca mais de 80% do mercado mundial de capitais impeliu diversos movimentos sociais (principalmente a organização não-governamental Attac) a lutarem pela constituição de um mecanismo permanente e mais efetivo de regulação dos fluxos financeiros. Para tanto, desenvolvem campanha global pela adoção de uma taxação das transações que desestimularia a especulação, formulada pelo economista norte-americano James Tobin.[238]

Em 26 de abril de 2004, um grupo de trabalho entre os governos brasileiro e francês foi instituído, com o apoio dos governos russo, britânico e canadense, para estudar a aplicação de uma variante da taxa Tobin.[239] O ministro britânico da área econômica, Gordon Brown, apresentou a proposta do *international finance facility* (IFF), pelo qual os países ricos colocariam títulos no mercado para aumentar as doações às nações pobres. A diferença da proposta está no seu aspecto jurídico: seriam **obrigatórias** até 2015, ao contrário do aspecto voluntário assumido, até hoje, por essa ajuda.[240]

---

[235] Häde, 1998:67.
[236] Matéria do *Jornal do Brasil* de 23-1-2004, "Camarão também é alvo de americanos".
[237] Matérias do *Jornal do Brasil*, p. A20, de 28-4-2004, e do jornal *Valor Econômico*, p. B1, de 26-4-2004.
[238] "It's time for Tobin" da "Tobin Tax Network" no site <www.tobintax.org>.
[239] Matéria do jornal *Valor Econômico*, p. A29, de 26-4-2004.
[240] Id.

Decisões empresariais versus responsabilidade social

O impacto dos interesses difusos sobre as empresas leva a uma expansão jurídica nas suas relações externas, fato que vem convertendo suas decisões, enquanto organizações, em responsabilizações com a sociedade. Inicialmente uma autodefesa para sua inserção ou manutenção de posição no mercado, a chamada "responsabilidade social", é um exercício cada vez mais juridificado, até como única legitimidade da atuação empresarial, a qual passaria a prestar contas diretamente à sociedade. Nesse sentido, suas decisões estratégicas de mercado adquirem, imediatamente, natureza jurídica, algumas como exercícios de direitos, outras como deveres legais impositivos.

Empresas são organizações que operam no mercado. A reunião de fatores econômicos, que as caracterizam, revela o intuito cooperativo de seus membros. A cooperação interna é a base para sua competição externa, ou seja, com as demais organizações empresariais. Assim, a concorrência vincula a cooperação, de modo que esta varia em função daquela, inclusive quanto às eventuais dissidências ou incorporações de novos membros. Afinal, operadores do mercado cooperam para competir.

A evolução recente do direito concorrencial vem-se contrapondo a essa natural tendência do mercado, no sentido de invertê-la: seus novos institutos e procedimentos vinculam a concorrência à cooperação, de modo que a competição entre as empresas adquira cunho cooperativo com a sociedade.

"Responsabilidade social" é o nome dos interesses difusos no mercado, determinando que o crescimento da empresa e, no limite, mesmo a sua continuidade, decorra do estreitamento de relações cooperativas com a sociabilidade cotidiana. No direito econômico emergente, a empresa é uma organização cuja empatia social é uma imposição jurídica que permeia suas atividades competitivas.

Tradicionalmente, o direito concorrencial se limita a condicionamentos jurídicos que impeçam a autodestruição do mercado, ou seja, da sua competitividade, dada sua tendência natural à concentração econômica pela busca permanente de crescimento das empresas (de qualquer porte). Ao direito caberia somente o papel de guardião da concorrência como um *status quo* a ser preservado, não se imiscuindo no conteúdo das operações empresariais (sua finalidade, por exemplo), velando apenas para que os monopólios não se formem (Escola de Harvard)[241] ou que sua magnitude não deprecie as demandas dos consumidores (Escola de Chicago).[242]

---

241 Forgioni, 1998:156.

242 Ibid., p. 160.

A concentração empresarial pode ser horizontal ou vertical,[243] respectivamente, quando ocorre entre empresas que concorrem no mesmo segmento ou em estágios distintos do mesmo processo produtivo. Quando ocorre entre empresas que atuam em segmentos distintos e sem correlação econômica, trata-se da formação de conglomerados.

O controle tradicional da concorrência abrange dois tipos:[244] preventivo (das estruturas de mercado) e repressivo (dos operadores do mercado).

O primeiro, calcado no suposto de que a estrutura do mercado determina as condutas dos agentes econômicos, é o de maior amplitude, englobando as concentrações empresariais em geral. Implica análise do impacto da concentração a fim de **evitar** o crescimento do poder de mercado dos agentes envolvidos. Formulado pela ciência econômica, o modelo estrutura-conduta-desempenho (ECD) redundou neste tipo de controle na órbita jurídica. Sua implementação varia segundo as tradições norte-americana e européia (comunitária): o juiz americano o faz com a *rule of reason*, pela qual pondera[245] a magnitude da concentração e seus eventuais benefícios; os órgãos europeus, mediante a concessão[246] de isenções. Em ambos os casos, são técnicas que permitem a concentração empresarial à medida que suas repercussões positivas (para seus consumidores) sejam superiores às negativas, ou que estas não sejam relevantes. Porém, é nesse controle que a realidade econômica se incorpora ao julgamento, mais do que as eventuais formalidades da operação empresarial. Para essa análise jurídica, importa detectar a formação de uma **influência dominante**[247] sobre o comportamento de outros agentes econômicos, ainda que, normalmente, disfarçada.

O segundo, calcado na tipificação específica de certas condutas, as proíbe como ameaçadoras e cujos efeitos, ainda que não alcancem a **estrutura** do mercado (o fluxo direto entre a oferta e a procura de bens e serviços), são ilícitos, como perigosos exemplos de comportamento econômico. É controvertida, na doutrina jurídica, a natureza de suas penalidades: aqueles que as consideram como crimes não permitem aplicação individualizada (tradição norte-americana); aqueles que as consideram administrativas responsabilizam também a *parent*

---

243 Garcia, 2002:116-117.
244 ibid., p. 122.
245 Forgioni, 1998:182.
246 Ibid.
247 Salomão Filho, 1998: 217-218.

company por atos de suas subsidiárias, tratando-as como *unique economic entity* (tradição européia).[248]

A percepção da dinâmica geral do mercado como interesse difuso da sociedade tem fortalecido o direito concorrencial, à medida que se populariza o reconhecimento da necessidade de sua coordenação. O fortalecimento deste direito econômico como tendência generalizada vem, inclusive, fazendo convergir os modelos norte-americano e europeu de controle da competição entre empresas.

No contexto norte-americano (em que a competição empresarial é normalmente objeto exclusivamente judicial, mediante processos comuns) verifica-se a inserção de órgãos públicos externos ao Judiciário. Desse modo, cresce a importância da Comissão de Comércio Exterior (com os poderes parajudiciais citados acima) e do *attorney general* (que criou um setor interno específico para a investigação de crimes empresariais),[249] ambos órgãos do Poder Executivo federal, mas dotados de autonomia institucional em seu funcionamento.

A linha jurisprudencial dos tribunais americanos também extrapolou o habitual caráter criminal, pelo qual se limitavam a penalizar executivos das empresas. Em 2000, decisão judicial assumiu caráter **estrutural** e histórico ao impor o desmembramento (separação forçada dos ativos) da Microsoft (a mais poderosa empresa do planeta, à época), durante processo iniciado em 1997.[250] Tal medida implicou uma ruptura com a tradição dos *consent decrees*,[251] nos quais os juízes conferiam preferência à celebração de compromissos apresentados pelas empresas (tentados pela Microsoft) para minorar o impacto de sua concentração, mediante condutas previamente combinadas com os tribunais.

É no contexto europeu (comunitário) que ocorrem as mudanças mais significativas de fortalecimento do direito concorrencial, diante do aprofundamento da interdependência econômica continental.

Assim, o sistema europeu de controle da competição empresarial abandonou, em maio de 2004, um modelo de "proibição sob reserva de autorização" (que vigorava desde 1962) pelo qual à Comissão Européia cabia avaliar preventivamente as concentrações, concedendo-lhes, eventualmente, isenções que as legitimavam. O sistema inaugurado ("exceção legal" especial) apresenta profundas inovações quanto aos objetivos, procedimentos, sanções e alcance do controle da

---

248 Forgioni, 1998:142.

249 Página eletrônica do Ministério Público americano (*attorney general*) em Washington, no site oficial <www.attorneygeneral.gov.us>.

250 US *vs* Microsoft 97 f.2d 59- d.d.c.2000.

251 Villaça, 2003:737.

competição econômica. A reforma anunciada tem sido rotulada de *révolution copernicienne* e de *cultural and legal revolution.*[252]

Quanto aos objetivos, consagrou-se que a concorrência empresarial **é um instrumento** para o atendimento dos valores sociais expressos pelo direito comunitário europeu, radicalizando o disposto no Tratado de Roma (criação da Comunidade Européia), de modo que seu caráter instrumental é sua única legitimidade como atividade econômica no continente.[253]

Quanto aos procedimentos, o sistema foi modernizado (*multiple enforcement*) para que a comissão não mais detenha a exclusividade da análise das concentrações empresariais, partilhando-a com os tribunais nacionais (além dos demais órgãos nacionais de defesa da concorrência) e legitimando denúncias por quaisquer pessoas que invoquem um interesse legítimo (aproximando-o, pois, da tradição americana de judicialização do tema).[254]

Porém, a comissão ainda é o centro do sistema de controle, com atribuições novas e ampliadas, sujeitando suas decisões apenas ao Tribunal de Justiça das Comunidades Européias (cuja jurisprudência no assunto é marcada pelas opiniões da Corte Européia de Direitos Humanos).

Enquanto, no sistema anterior, a notificação de um acordo empresarial à comissão, mesmo que ilícito, não implicaria sanção durante o período de análise, o sistema atual confere significado declaratório às decisões da comissão, cujo efeito retroativo atinge as empresas desde o início da concentração praticada. Como ressalta o serviço jurídico da comissão, embora as empresas não mais dependam de autorizações prévias da mesma para a prática de concentrações e possam buscar outros órgãos de controle para legitimá-las, tais expedientes apenas aumentam o risco empresarial de sofrer sanções.[255]

O alcance do controle inova o direito concorrencial moderno: assim, além das **concentrações empresariais** (acordos, associações, incorporações, concentrações várias) e da **posição dominante no mercado** (cujos abusos são censuráveis), positiva a **promoção da concorrência**, condicionando-a em sentidos apropriados e conforme a sua natureza instrumental. Assim, a comissão[256] acumula as funções de "ministério público" (investigações para a fiscalização legal) e de "magis-

---

252 Villaça, 2003:721-722 e página eletrônica da União Européia (controle das concentrações) no site oficial europa.eu.int.
253 Ibid., p. 767-768.
254 Ibid., p. 724-726.
255 Marenco, 2003: 136-138.
256 Villaça, 2003:733-736.

trado" (discricionariedade na aplicação de sanções), inclusive de *consent decisions* (compromissos de conduta empresarial adotados perante tribunais).

A principal inovação do alcance do sistema europeu é a previsão de uma modalidade **posterior** de controle do mercado.[257] Como afirmado acima, o direito concorrencial moderno apenas conhecia o controle **preventivo** das estruturas de mercado, devido à evidente dificuldade maior de intervenção sobre resultados econômicos consumados e espraiados pela totalidade do mercado. Com a admissão das já citadas soluções estruturais, revisão dos compromissos empresariais assumidos e emissão de "pareceres fundamentados" sobre a reorientação de atividades econômicas segundo o direito europeu (estimulando as empresas a formular consultas para tanto), a comissão visa a assegurar o caráter instrumental da competição, indo, assim, muito além da mera garantia jurídica da fluidez do mercado.

O paradigma dessa tendência (anterior à reforma institucional) foi ter cessado, em outubro de 2003, uma isenção que beneficiava a indústria automobilística,[258] a qual lhes permitia reservar a distribuição de seus veículos a concessionárias de sua marca. A comissão considerou que não mais se justificava a complexidade dos automóveis, como produtos, para restringir sua venda a distribuidores exclusivos, determinando que os concessionários possam vender várias marcas e, a partir de 2005, operarem em mais de um país da comunidade.[259] Desse modo, o direito promove uma concorrência adequada instrumental à cooperação no âmbito social europeu.

O avanço dessa inovação (e aprofundamento) do direito concorrencial, sob o paradigma da vinculação da competição empresarial à cooperação social e do controle mais estrito (mesmo posterior, se necessário) das estruturas de mercado, exorbitou os cenários norte-americano e europeu. No Brasil, principal economia latino-americana, cujo controle da concorrência era notoriamente embrionário até 1994, há evolução institucional nesse sentido. Naquele ano, foi criado o Conselho Administrativo de Defesa Econômica (Cade), com o formato de agência reguladora da competição empresarial, dotada de autonomia institucional, mas apenas em 2000 seus procedimentos foram inteiramente detalhados.[260]

---

257 Villaça, 2003:733, 730 e página eletrônica (concorrência) da União Européia no site oficial <www.europa.eu.int>.

258 Página eletrônica (concorrência) da União Européia ("Antitruste e cartéis") no site <www.europa.eu.int>.

259 Ibid.

260 Leis n°s 8.884/94 e 10.149/00.

Dez anos após sua criação (fevereiro de 2004), a orientação do Cade incorporou a promoção da concorrência adequada como critério decisório.[261] A implementação prática do novo paradigma implicou duas decisões inéditas na história do órgão de controle da concorrência: a revisão de acordo (*code-share*) para compartilhamento de vôos entre as principais empresas de aviação do país (Varig e TAM) e a primeira negativa de incorporação de uma grande empresa de chocolate (Garoto) por outra (a Nestlé).

No primeiro caso o relator não apenas descartou a proposta de combinação aeroviária como induziu, abertamente, o compromisso finalmente ratificado, inclusive com a introdução de cláusulas de revisão.[262] E no caso Nestlé/Garoto, houve pioneira anulação de uma compra já consumada, reabrindo o leilão de venda para outras empresas.[263]

O crescimento do direito concorrencial também é atestado pela instalação de uma corte supranacional de justiça especializada no tema, em 1994 (Efta). Sediada inicialmente em Genebra e com jurisdição sobre a Áustria, Finlândia, Islândia, Noruega e Suécia, hoje é, segundo seu presidente, Carl Bauldenbacher, uma corte inspirada na estrutura do Tribunal de Justiça das Comunidades Européias e influenciada pela jurisprudência da Corte Européia de Direitos Humanos. Desde setembro de 1996 funciona (com o crescimento da União Européia) com três juízes nomeados pela Islândia, Liechtenstein e Noruega, com sede em Luxemburgo. O Efta aplica um direito comunitário (EEA) distinto do europeu e da jurisprudência da Corte Européia de Direitos Humanos à concorrência empresarial em seus países (e entre eles).[264]

Além das relações entre as empresas, outro tipo essencial de suas relações externas tem sido mais jurificada: as relações de consumo. De fato, avança o reconhecimento de que não importam apenas para os consumidores, mas, dada a

---

261 Entrevista do conselheiro do Cade Cleveland Prates ao *Jornal do Brasil* de 9-2-2004. O crescimento institucional do órgão é atrelado, ainda, pela defesa de sua competência, e seu reconhecimento, nos tribunais brasileiros, como à iniciativa de sua advocacia (bem-sucedida) para deslocarem a apreciação de práticas da Microsoft no Brasil. Matéria do jornal *Valor Econômico*, p. B3, de 2-6-2004.

262 Matéria do Jornal *O Globo* de 10-2-2004, "Mais tempo para a fusão".

263 Matéria do *Jornal do Brasil* de 9-2-2004, "Obstáculo para monopólios". O Departamento de Proteção e Defesa Econômica (ao qual o Cade se vincula) reconhece que o crescimento exponencial das demandas por análise de atos de concentração (especialmente cartéis), a partir de 1998, impulsionou sua evolução institucional, com a adoção de ritos sumários no ano de 2003 (<www.mj.gov.br/SDE/dpde/Graficos.htm>, acesso em 8-8-2005).

264 Segundo texto de Carl Bauldenbacher "The Efta court-legal framework, case law and composition (1994/2003)" no site oficial da Corte, <www.eftacourt.lu>.

magnitude que as caracteriza e, portanto, o risco que acarretam, envolvem o interesse difuso da sociedade.

Daí que, diferentemente dos movimentos "consumeristas" dos *angry young lawyers* liderados por Ralph Nader nos EUA, durante as décadas de 1960 e 1970, a tendência atual de expansão jurídica nas relações de consumo se associa **diretamente** a temas ambientais ou de saúde que denotam uma vitimização que extrapola a própria figura do consumidor imediato do serviço ou produto. O "direito do consumidor" emergente (mesmo onde já se contava com ordenamento jurídico próprio) está calcado nas conseqüências **sociais** dos eventuais acidentes de consumo, que tendem a afetar além dos consumidores.

Assim é a expansão do direito nas relações de consumo, especialmente fora do contexto norte-americano. Das 92 resoluções do Parlamento europeu sobre o tema da proteção ao consumidor (de 1998 a 18 de maio de 2004),[265] verifica-se que apenas uma se restringe aos consumidores (regulando serviços de profissionais liberais). Todas as demais, elencadas pelos subtemas "generalidades", "saúde pública", "segurança alimentar", "informação" e "advertências", "proteção de interesses econômicos e legais", "segurança de produtos e serviços", consistem em regulamentações de direitos não-econômicos relativos a pessoas alheias às relações de consumo.[266] Mesmo a resolução que acompanha a disciplina das profissões liberais acima citada, e que não integra os subtemas elencados, se refere à veiculação de imagens e informações ofensivas às minorias pelas mídias audiovisual e jornalística.[267] Ou seja, é uma disciplina jurídica que não se restringe aos consumidores do serviço.

A própria Comissão Européia reconhece que o direito nas relações de consumo, a partir de 1992, com a diretiva "segurança geral dos produtos", evoluiu consideravelmente, em comparação com o seu primeiro programa para a informação e proteção do consumidor em 1975, envolvendo interesses difusos da unificação continental. O recebimento anual de cerca de 150 notificações relativas a produtos perigosos justificou, em janeiro de 2004, a revisão da diretiva de 1992, introduzindo novas regras (e mais rigorosas) para a retirada de produtos defeituosos do mercado.[268]

---

265 "The legislative observatory: consumers protection" no site oficial <www.europarl.eu.int>.
266 Id.
267 Id.
268 Página eletrônica ("Consumidores") da União Européia (seção "Uma conquista progressiva") no site oficial <www.europa.eu.int>.

A Comissão Européia anunciou, ainda, que continua em curso a modificação de sua estratégia de defesa do consumidor como reflexo de um "deslocamento de ênfase" para o "domínio da segurança e da saúde". Isso implicaria o que a comissão intitula "uma abordagem completa e integrada" por medidas protetivas cujo detalhamento se daria no período de 2002 a 2006. Considera-se que a ampliação da segurança dos produtos atende também aos seus não-consumidores, inclusive porque a promoção da confiança dos consumidores vitaliza o mercado econômico comum.

Nesse sentido, a comissão não tem descuidado dos interesses econômicos dos consumidores: além de reforçar a segurança de produtos químicos, cosméticos e brinquedos, propõe novas formas de proteção em vendas a distancia, ofertas de *timeshare* e de mecanismos alternativos de resolução de litígios.[269] Em junho de 2003, enumerou várias práticas comerciais abusivas, propondo sua proibição em norma única, e em dezembro do mesmo ano, formou um novo "grupo consultivo de consumidores europeus", congregando representantes das entidades nacionais de consumidores, para subsidiar elaborações de outras normas.[270] O beneficiamento dos consumidores se liga à promoção da concorrência empresarial adequada no campo energético, pois todas as empresas adquiriram a liberdade de escolher o seu fornecedor de energia em 2004, e todos os consumidores até meados de 2007.[271]

A União Européia conta, ainda, com duas agências independentes dos governos (nos moldes de congêneres norte-americanas), com mandatos estáveis para dirigentes e amplas prerrogativas funcionais.

A Autoridade Européia para a Segurança dos Alimentos (Efsa), criada em 2002,[272] abrange todas as fases da produção e fornecimento, desde produtos primários à segurança alimentar para animais, passando pela oferta de produtos ao consumidor. A agência européia de avaliação dos medicamentos (Emea), criada em 1993,[273] é imbuída da defesa da saúde pública e animal, dedicando-se aos medicamentos voltados para doenças raras. Ambas as instituições funcionam como *ombudsman* (órgãos públicos de apoio a direitos difusos) dos consumidores, pois

---

[269] Id., seção "Uma abordagem completa e integrada".

[270] Id., seção "Um elevado nível comum de defesa do consumidor".

[271] Página eletrônica (energia) da União Européia (seção "O Mercado único da energia") no site <www.europa.eu.int>.

[272] Regulamento (CE) 178/2002 no site oficial <www.efsa.eu.int>.

[273] Regulamento (CE) 2.309/1993 no site oficial <www.emea.eu.int>.

seus objetivos institucionais incluem a comunicação direta com a sociedade nas suas áreas de responsabilidade.

Na América Latina, a unificação econômica (apesar de embrionária diante do processo europeu) estimula iniciativas como o Código de Defesa do Consumidor (CDC) brasileiro, cuja incorporação pela prática de entidades civis (como o Instituto de Defesa do Consumidor – Idec) e de órgãos públicos de apoio à cidadania (como o Ministério Público e a Defensoria Pública), dotados de autonomia institucional, abarrotou o Judiciário do país. Até mesmo o Poder Legislativo (estado do Rio de Janeiro) apresenta serviços jurídicos de apoio aos consumidores, participando ativamente, juntamente com outras instituições, da celebração anual (15 de março) do Dia Mundial do Consumidor.[274]

O Parlamento latino-americano (Parlatino), órgão integrante do Mercosul (o bloco econômico dos países do Cone Sul), veiculou um projeto de lei, de estrutura semelhante ao código brasileiro, como marco regulador para defesa do consumidor. Aprovado em junho de 1997, o projeto exaure todos os aspectos das relações de consumo envolvendo tanto as empresas privadas quanto os serviços públicos do Estado, conferindo-lhes regime idêntico para a proteção de consumidores e usuários.[275]

Embora ainda não plasmada em códigos obrigatórios de conduta, a mobilização de parcelas expressivas do empresariado pela responsabilidade social avançou a ponto de já possuir organização até no cenário internacional.

Impulsionada pela elaboração conceitual em torno do tema do "desenvolvimento sustentável", assentado na Conferência das Nações Unidas de 1992, no Rio de Janeiro (a ECO-92), sobre meio ambiente e desenvolvimento, o enfoque ambientalista amplo (não limitado à conservação dos ecossistemas) adotado tem interpelado lideranças empresariais, na maior parte de grandes companhias do mercado, que lidam cotidianamente com o problema do esgotamento de recursos.

No Brasil, o Instituto Ethos congrega 835 empresas (em maio de 2004), sendo de grande porte cerca de 40% e de médio porte cerca de 20% das associadas. Entre as 10 maiores, oito são grandes empresas de São Paulo, estado com a maior economia do país.[276] Essas empresas desenvolvem variadas atividades de inclusão social, vinculando-as às suas operações econômicas, como o seu engajamento contra a pobreza e a marginalização.

---

274 Matéria do *Jornal do Brasil* de 14-3-2004, "Mais direitos para os consumidores".

275 Proyecto de Ley Marco sobre Defensa del Consumidor, no site oficial <www.parlatino.org>.

276 Seção "Empresas associadas" do site <www.ethos.org.br>.

Em janeiro de 1999, o secretário-geral da ONU, Kofi Annan, lançou o *Global Compact*, durante o Fórum Econômico Mundial, realizado anualmente em Davos (Suíça). Trata-se de mobilização empresarial internacional para a promoção de valores fundamentais nas áreas de direitos humanos, trabalho e meio ambiente, visando a um mercado global mais inclusivo.[277] É uma iniciativa voluntária através de lideranças corporativas comprometidas com nove princípios (em caráter moral) como uma plataforma mínima,[278] inspirada em declarações aceitas universalmente: a Declaração Universal dos Direitos Humanos, a Declaração dos Princípios Fundamentais no Trabalho e a Agenda 21.

Mais de mil empresas (até maio de 2004)[279] estão engajadas como signatárias do *Global Compact*, pelo compromisso público de inserir os nove princípios nas atividades de suas empresas. Funcionando desde julho de 2000 na sede das Nações Unidas (Nova York), o *Global Compact* realizou seu terceiro encontro anual no Brasil (Belo Horizonte) em dezembro de 2004.

A contemporaneidade é marcada pela dependência dos processos econômicos das tecnologias, cuja aplicação os determina cada vez mais diretamente. Ora, as tecnologias emergentes da atualidade se caracterizam pela ampliação das conseqüências sociais das decisões individuais, ensejando uma interdependência historicamente desconhecida entre os membros da sociedade e, imediatamente, entre os envolvidos no manejo das novas técnicas.

A sociedade se torna, progressivamente, mais interdependente e, portanto, mais vulnerável aos indivíduos que a compõem. A fragilização da sociedade, como conseqüência das novas tecnologias, impõe a sua regulação jurídica **imediata**, diferentemente das técnicas do passado, as quais só foram objeto do direito após um período relativamente longo de percepção dos seus resultados sociais. O risco de ampla magnitude social portado pelas novas tecnologias tornou suas relações de produção derivadas em relações jurídicas, desde o início. É o que se observa com a energia nuclear, a internet e a engenharia genética.

Os avanços da exploração nuclear, pondo em perspectiva o controle da fusão de átomos, cuja potencialidade supera em muito os mecanismos já dominados da fissão atômica, principalmente a partir dos experimentos de 1993 e 1997 (e

---

277 Seção "What is the global compact?" do site <www.unglobalcompact.org>.
278 Id.
279 Seção "Brasil é sede de encontro anual da ONU" (9 a 11 de dezembro de 2004), sobre o III International Global Compact Learning Forum Meeting, no site <www.ethos.org.br>.

a integração norte-americana ao *internacional thermonuclear experimental reactor*),[280] impuseram a profusão reguladora do tema.

Nos EUA, a EPA (Environmental Protection Agency), órgão público independente do governo, apresentou proposta de regulamentação para o controle da radioatividade ambiental de baixa intensidade (contínua) em novembro de 2003. Embora ainda não seja um ordenamento jurídico do tema, a EPA pretende, a partir de sua proposta, consultar a opinião publica a fim de convertê-la em procedimentos protetivos do meio ambiente e da saúde humana. O período de consulta para a proposta, intitulada Advance Notice of Proposed Rulemaking (ANPR) se encerrou em maio de 2004.[281]

Na União Européia, o relatório anual (2002) da Euratom Supply Agency, órgão público independente de orientações governamentais (cuja direção possui mandatos estáveis como a EPA norte-americana), acentua que cerca de 34% da eletricidade provêm do manejo nuclear.[282] Desde 2000, a Comissão Européia lançou um debate público sobre o tema, inclusive de transações comerciais dos materiais radioativos no bloco europeu e com a Federação Russa (principal fornecedor até o momento), lastreado num documento (*Green Paper*).[283]

Em novembro de 2002, a comissão apresentou uma proposta detalhada (*nuclear package*), com o objetivo de acelerar a institucionalização de padrões legais de segurança dos materiais e mecanismos comuns de monitoramento,[284] cuja aplicação uniforme envolveria todo o mercado europeu.

A internet nasceu sob preocupações jurídicas. Inicialmente vinculada à privacidade dos usuários como tema de cidadania, o crescimento vertiginoso, desde o final do século passado, do acesso à rede e do comércio online, a tornou um campo minado de questões criminais. Independentemente da propriedade, a infraestrutura conectada é potencialmente acessível a *hackers* habilidosos.

Segundo o *Sunday Times*, até 1996 mais de 40 empresas financeiras, na Grã-Bretanha e nos EUA, foram atacadas eletronicamente durante os três anos anteriores.[285] O Departamento de Justiça norte-americano relatou, em 2001, o furto de mais de 56 mil números de cartões de crédito e informações pessoais financeiras por dois *hackers* russos que extorquiam dinheiro das vítimas e danificavam os

---

280 "Timeline of nuclear fusion" no site <www.nationmaster.com>.
281 "ESA issues request for comments on" no site oficial <www.epa.gov>.
282 *ESA annual report 2002* (Overview).
283 Id.
284 Id.
285 *The Sunday Times* (2-6-1996).

computadores das empresas. Perdas em negócios ao redor do mundo excederam centenas de milhões de dólares, ocasionadas por vírus do tipo *Iloveyou*, *Melissa* ou *code red*.[286] A International Chamber of Commerce (ICC) abriu uma nova divisão(*cibercrime*) para auxiliar suas mais de 7 mil empresas associadas a se protegerem destes crimes.[287]

O novo meio dominante para o comércio exige uma padronização legal segura para o ciberespaço. Nesse sentido, o Conselho da Europa patrocinou uma convenção (Council of Europe Draft Convention on Cybercrime), com definições substantivas sobre os crimes, busca e apreensão de informação eletrônica, jurisdição e assistência mútua entre autoridades policiais. O combate a estas incursões, dada a extrema fragilidade do mercado cibernético, exige legislações preventivas que alcancem desde a produção até a venda de ferramentas (software) de pirataria eletrônica.[288]

A principal inovação jurídica, ainda não configurada, mas considerada indispensável para a regulamentação do ciberespaço, é a institucionalização de mecanismos de autodefesa das vítimas em potencial,[289] os quais devem incluir, especialmente, as pessoas que ingressam diretamente na rede (independentemente das empresas pelas quais o farão), com conseqüente ampliação concomitante de sua cidadania e responsabilidade em suas conexões com a internet.

A volatilidade das dinâmicas de mercado é acentuada, ainda, pela engenharia genética na produção de transgênicos. Segundo o 7º Congresso Mundial de Soja,[290] realizado em março de 2004 (Foz do Iguaçu, Brasil), os EUA já têm 63% de área semeada com o produto geneticamente modificado; Argentina, 21%; Canadá, 6%; Brasil e China, 4% cada. O impacto desses grãos modificados no ecossistema e, portanto, na produção agrícola (inclusive de outras espécies) e na criação de animais dependentes permanece desconhecido.

As disputas decorrentes entre empresas, bem como entre elas e os ambientalistas, dada a ausência de padrões legais consistentes, só têm aumentado a inserção do Poder Judiciário no tema, à medida que para ele são carreadas as controvérsias. Os tribunais vêm se tornando uma instância decisória do assunto: em junho de 2004, a Justiça Federal brasileira decidiu sobre a validade (adequação à Constituição do país) das próprias regras técnicas de biossegurança, medi-

---

[286] Grabosky, 2003:58-59.

[287] <www.iccwbo.org/ccs/menu-cibercrime-unit.asp>. Acesso em maio de 2004.

[288] Grabosky, 2003:73.

[289] Ibid., p. 75.

[290] Matéria do *Jornal do Brasil* de 8-3-2004, p. A6.

ante disputa que envolveu o governo, a empresa Monsanto e o Instituto (civil) de Defesa do Consumidor (Idec).[291]

Nos EUA, as agências reguladoras independentes do governo se especializaram no tema. Integram seu programa de análise dos produtos de biotecnologia a EPA, a Food and Drug Administration (FDA), a Animal and Plant Health Inspection Service (Aphis) e o U.S. Department of Agriculture (USDA). O TSCA (Toxic Substances Control Act) é a norma cuja aplicação depende das interpretações e implementações pelas agências, desde abril de 1997.[292]

A FDA se especializou na segurança de material farmacêutico e alimentos geneticamente modificados, papel acentuado por suas resoluções de maio (*genetically modified foods: experts view regimen of safety tests as adequate*) e novembro de 2002 (*action on corn bioengineered to produce pharmaceutical material*).[293] Desde 1999, se acelerou a busca de um *codex alimentarius* internacional, mediante proposta norte-americana ao diretor da International Food Safety Programme, Shunsaku Minami.[294]

Enfim, as novas tecnologias também afetam a própria identidade humana nas transações. O "teste genético", que possibilita fornecimento de informações pessoais e alimentos específicos, eventuais discriminações sociais e econômicas e planejamento de carreiras profissionais, também impõe a rápida regulação de suas técnicas de modo a assegurar a cidadania dos seus usuários.[295]

Problemas corporativos versus questões de cidadania

Em 2 de dezembro de 2001, adveio a falência da Enron Corporation, a maior bancarrota econômica da história norte-americana, estimada em US$ 68 bilhões e atingindo um conglomerado do setor de energia que chegara a ser o sétimo grupo privado do país. Em julho de 2002, o desastre econômico foi superado pela quebra da World.com (setor de telecomunicações) no mercado norte-americano. No final de 2003, a falência da Parmalat (setor de leite e derivados) resultou em sinistro econômico de proporções maiores (€10 bilhões/US$ 12,7 bilhões) que as dos eventos americanos, dado o crescimento do PIB europeu.

---

291 Matéria do *Jornal do Brasil* de 29-6-2004, "TRF permite plantio de soja transgênica".

292 Microbial Products of Biotechnology: Final Rule (62 fr 17910), no site <www.epa.gov>.

293 Seção "Biotechnology", do site oficial <www.cfsan.fda.gov>.

294 "Letter from U. S. Codex manager regarding elaboration of standards", no site oficial <www.cfsan.fda.gov>.

295 Matéria "Os direitos humanos do novo século: informação genética" (do jornal *Le Monde Diplomatique*), inserida no site <www.portoalegre 2003.org>.

Dois traços são comuns aos casos acima: eram empresas transnacionalizadas (inclusive a Parmalat, que destoa do capitalismo familiar italiano), cujo porte tornou sua falência um desastre que atingiu as próprias estruturas do mercado (inclusive em outros quadrantes, como o brasileiro, no caso da World.com e da Parmalat, respectivamente, pela incerteza absoluta vitimizando a Embratel – integrante da emergente indústria de telefonia – e os produtores de leite (principalmente do Rio de Janeiro); e o fato de resultarem de fraudes contábeis que inflaram, artificialmente, o valor de mercado das empresas, no mínimo camuflando perdas que se acumulavam há anos.

Alertas sobre a situação da Enron precederam o desastre. A revista *Fortune* (20 de fevereiro de 2001) e o *Wall Street Journal* (26 de outubro de 2001) questionaram as transações (posteriormente reveladas como fictícias) que, desde novembro de 1997, associaram a Enron às empresas Jedi e Chewco para ocultação de suas dívidas.[296] Em agosto de 2001, seu presidente, Jeffrey Skilling, se demitiu (sexto executivo sênior a fazê-lo no espaço de um ano). Seu sucessor, Kenneth Lay, pediu "mais discrição" numa conferência com analistas.[297] Nenhum desses sinais foi considerado até que a própria empresa, em 8 de novembro de 2001, admitiu, publicamente, que erros de contabilidade escondiam seus prejuízos, desde 1997.[298]

O escândalo abrangeu também a mais notória empresa de auditoria, a Arthur Andersen. Um memorando da empresa, datado de 12 de outubro de 2001, orientava a destruição de papéis da Enron, o que ocasionou a inclusão da Andersen, em 29 de novembro de 2001, na investigação iniciada pela agência pública (independente) de regulação do mercado,[299] a Security and Exchange Comission (SEC). Também foi condenada por um tribunal de Houston (Texas) sob acusação de obstrução à Justiça, pela atuação de sua conselheira legal, Nancy Temple, tida como *corrupt persuader* na eliminação dos papéis. Por isso a juíza Melinda Harmon aplicou à Andersen[300] uma multa de US$ 500 mil e cinco anos de funcionamento sob supervisão, penas máximas da legislação federal, consideradas medidas terminais da empresa com 89 anos de existência.[301]

A investigação criminal da Enron foi iniciada em 9 de janeiro de 2001 pelo Departamento de Justiça. O procurador (*attorney general*) John Ashcroft escu-

---

[296] Arquivo da *Time Magazine* ("The Enron lesson"), no site <www.time.com>.
[297] Id. ("Timeline: chronology of a collapse").
[298] Id.
[299] Matéria da *Time Magazine* ("Enron: who's accountable?"), de 13-1-2002, no site <www.time.com>.
[300] Matéria da CNN Money ("Andersen guilty"), de 16-6-2002, no site <www.money.cnn.com>.
[301] Id.

sou-se da investigação, devido às contribuições que recebera da empresa em sua candidatura ao senado no Missouri, o que ocorreu com o conjunto dos procuradores em Houston e com o próprio *attorney general* do estado do Texas, John Cornyn, pelos mesmos motivos (contribuições financeiras às suas campanhas).[302] Kenneth L. Lay, presidente da Enron, foi um dos maiores contribuintes da campanha do presidente da República, George W. Bush, em 2000.[303]

Juridicamente, o caso da Enron levou ao questionamento da natureza dos atos de investimento, reinvestimento e estímulo aos investimentos (operações intrínsecas à vida empresarial) como condutas criminalizáveis. Evidenciou-se a ausência de lei para o caso, inclusive quanto ao exercício da contabilidade empresarial e mesmo à disposição de documentos pertinentes.[304] A repercussão da falência sobre as economias de milhares de famílias de trabalhadores e pequenos investidores que as carrearam, durante anos, para a Enron, implicou o ingresso de 47 ações coletivas (*class actions*) no Judiciário americano, para recuperá-las.[305]

Uma *permanent investigative subcommitee* (comissão parlamentar especial) foi instaurada no senado (11 de janeiro de 2002) para acompanhar e conduzir o destino da empresa, delimitando suas responsabilidades, diante da *dêbacle* financeira.[306] Richard Causey, ex-chefe da contabilidade, foi preso e acusado de fraude no mercado financeiro (23 de fevereiro de 2004) no Tribunal Federal de Houston, e Jeffrey Skilling, ex-presidente da companhia, foi preso (20 de fevereiro de 2004) e processado por crimes ligados à falência da empresa.[307]

A bancarrota da Parmalat resultou na prisão de Fausto Tonna, ex-diretor financeiro, pelos promotores (*magistratis requerentes*) de Parma (nordeste da Itália), pela acusação de montar, à semelhança do caso Enron, intrincada rede de empresas fictícias para inflar, artificialmente, o volume de ativos da empresa e esconder seus prejuízos.[308]

No Brasil, uma de suas principais ramificações, o juiz Carlos Henrique Abraão (São Paulo) convocou a Parmalat e todos os demais agentes econômicos envolvidos, instituindo um comitê gestor para a empresa e regulando remessas para sua matriz. Produtores de leite de Itaperuna (Rio de Janeiro) passaram a ter suas ini-

---

[302] Matéria da *Time Magazine* ("Enron: who's accountable?"), de 13-1-2002, no site <www.time.com>.
[303] Id. Kenneth L. Lay foi acusado, formalmente, em 8-7-2004 (matéria do *New York Times*).
[304] Id.
[305] Id.
[306] Id. e matéria da CNN Money ("Andersen could boost case against Enron"), de 17-6-2002, em <money.cnn.com>.
[307] *New York Times.*
[308] Matéria do *Corriere della Sera*, de 31-12-2004.

ciativas no mercado (compra da unidade da Parmalat na região ou criação de marca própria) dependentes, diretamente, dos atos judiciais praticados no processo, daí em diante.[309]

O juiz brasileiro atuou em conjunto com o juiz italiano Luigi Orci (Milão), que investigou as fraudes na matriz, enquanto autoridades judiciais de Nova York investigaram a participação de bancos americanos no escândalo. Em janeiro de 2004, a matriz italiana, sua ramificação brasileira e três instituições financeiras foram acusadas na Justiça italiana por manipulação do mercado, falsificação de informações e obstrução ao trabalho do órgão público de regulação do mercado acionário na Itália.[310]

Os casos acima revelam que a complexificação das ramificações de megaempresas (sobretudo de porte global) as torna mais suscetíveis a truques que adulterem sua imagem no mercado. A maior potencialidade financeira das fraudes corporativas mina a confiança intrínseca às operações do mercado, afetando-o como um todo. Isso, aliado às conseqüências sociais de magnitude imensurável, tende a converter uma dimensão tradicionalmente interna da vida empresarial em mais um ingrediente externo de suas atividades. Jon Symonds, presidente do "grupo dos 100" (que reúne executivos britânicos), reconhece que a falta de normas contábeis rígidas e uniformes contribuiu, decisivamente, para a gestação dos problemas corporativos recentes.[311]

O International Accounting Standards Board (Iasb) patrocina a formulação de um modelo único (global) de contabilidade corporativa para salvaguardar a confiança do mercado nas informações financeiras. As iniciativas avançam ainda mais por articulações empresariais que governamentais: a orientação do Iasb (fevereiro de 2004) é aceita em mais de 90 países e é por ela que a maioria das 7 mil companhias da União Européia, listadas em bolsas de valores, prepara sua contabilidade[312] consolidada. Nos EUA, o órgão que fixa as regras no país, o Financial Accounting Standards Board (Fasb), está comprometido com a convergência internacional e vem trabalhando junto com o Iasb.[313]

A fragilidade empresarial se amplia, ainda, pela facilitação tecnológica das práticas de espionagem industrial (interceptações de comunicações, reprodução de informações estratégicas, programas informáticos de reenvio de mensagens,

---

309 Matéria de *O Globo* de 15-1-2004.

310 Matérias no *Jornal do Brasil* de 5-1-2004 e 19-3-2004.

311 Artigo de Jon Symonds no *Financial Times* de 22-2-2004.

312 Id.

313 Id.

instalação de arquivos de computador que desfiguram projetos da empresa concorrente, com ou sem a infiltração de "executivos duplos"). Estimativas do Federal Bureau of Investigation (FBI) apontavam, em 2001, US$ 200 bilhões anuais por estas perdas. Pesquisa da PricewaterhouseCoopers com 97 empresas mostrou que 44 apresentavam mil incidentes de furto de informação em um ano, portanto mais de 20 incidentes por empresa.[314]

Estimativas da Kroll, empresa global de serviços de segurança, apontaram R$ 100 bilhões em perdas por fraudes e espionagem corporativa no Brasil (num PIB de R$ 1 trilhão) em 2000.[315] A espionagem empresarial passou a ser crime no país em maio de 1996 e, dos 53 casos julgados pelo Tribunal de Justiça do Estado do Rio de Janeiro (1990 a 2000), 10 ocorreram só no ano de 2000,[316] revelando uma judicialização surpreendente para um problema cuja publicidade, afetando irremediavelmente a imagem de uma empresa, os executivos tendem, naturalmente, a evitar.

O outro aspecto decisivo da vulnerabilidade ampliada do mercado advém da volatilidade tecnológica contemporânea: a sucessão, cada vez mais acelerada, das técnicas de produção. A vocação das empresas na especialização de produtos/serviços dificulta a adoção rápida das técnicas mais novas e eficientes, as quais tendem a ser implementadas por outras. Foi o que ocasionou o pedido de concordata (sujeição a medidas preventivas por empresa em risco) na Corte de Falências de Wilmington (estado de Delaware), em fevereiro de 2004, da Tower Records.[317] Essa empresa, pioneira das megarredes (estilo supermercados) de discos digitais, sucumbiu à concorrência de serviços musicais digitais (*download*), acumulando prejuízos, desde 2002, e sua dissolução tem grandes conseqüências sociais. Presente em 19 países (só nos EUA, em 21 estados), nos quais se estabeleceu durante a década de 1980, seus credores incluem várias grandes gravadoras pelo mundo, com prejuízos acumulados de US$ 187 milhões.[318]

Todos esses aspectos que vulneram o mercado fragilizam a sociedade, propiciando a emergência de um interesse amplamente difuso na maior regulação jurídica daquele. O impacto, exponencialmente crescente, da quebra de megaempresas globais, favorece a conversão de sua própria existência e destino, de questão tipicamente corporativa e de âmbito interno em problema inteiramente jurídico e de

---

[314] Matéria do jornal *O Globo*, "O vale-tudo corporativo", de 29-7-2001.
[315] Id.
[316] Id.
[317] Matéria da *Bloomberg News* de 10-2-2004.
[318] Matéria do jornal *O Globo* de 10-2-2004.

externalidade social. Daí a mudança de ênfase da falência empresarial para a de recuperação (geralmente judicial) das empresas, ocorrida, na prática, durante o curso da implosão da Parmalat e da Enron (esta também sob uma comissão com poderes judiciais, ainda que oriunda do Legislativo).

Em alguns países, a tendência à recuperação (acentuando a condução e não a simples supervisão judicial) das empresas repercute através de mudanças legais. Em junho de 2004, o Congresso brasileiro substituiu a legislação falimentar nesse sentido[319] (atentando ainda para as pequenas empresas, responsáveis por 60% dos empregos formais, pela enorme ocupação informal e 20% do PIB do país.).[320] O Ministério da Justiça português apresentou como consensual uma reforma legislativa que aumente a iniciativa dos devedores (50% em 1995; 21% em 2002),[321] acelerando a chegada dos processos aos tribunais e que favoreça a recuperação empresarial (19,2% dos processos em 1995; 2,5% em 2002).[322] O Judiciário norte-americano, desde o final da década de 1980, orienta sua jurisprudência nessa direção, quando determinou que o fundo mútuo Metlife **permanecesse credor** (US$ 100 milhões) da Nabisco Brands (indústria de biscoitos), embora sua liquidez (e correspondente crédito) tivesse se reduzido pelo endividamento.[323]

O ambiente do trabalho nas empresas é outro aspecto interno no qual o direito vem-se imiscuindo, devido à sua percepção como fonte de estresse profissional, cuja disseminação às famílias gera um interesse difuso da sociedade na sua regulação, cada vez menos restrita à auto-organização empresarial. Tal percepção é reforçada pela do próprio empresariado que, progressivamente, reconhece vínculos diretos entre o desempenho profissional, a produtividade da organização e a ambiência relacional no local de trabalho.

Nesse sentido, a Organização Internacional do Trabalho (International Labour Organization – ILO), entidade pública vinculada às Nações Unidas, patrocinou três relatórios sobre condições de trabalho em 2003. O *Report of the subcommittee of the joint maritime commission and of the joint working group on wages of seafarers* (julho em Genebra)[324] e o *Report on the outcome of the Fifth*

---

[319] Matéria de *O Globo*, "Senado aprova Lei de Falências", de 18-6-2004.

[320] Depoimento de Silva Gianni (diretor do Sebrae – entidade de assistência às pequenas e médias empresas brasileiras) em audiência pública no Senado de 22-1-2004.

[321] Documento "Linhas orientadoras da reforma do direito falimentar", no site oficial <www.gplp.mj.pt>.

[322] Id.

[323] "Leading case Metlife *versus* RJR Nabisco".

[324] ILO ("Record of decisions"), no site oficial <www.ilo.org>.

Worldwide Air Transport Conference (março em Montreal),[325] ambos sobre as condições de segurança física dos trabalhadores nesses serviços, e o terceiro, *Report at work in services: a threat to productivity and decent work* (outubro em Genebra),[326] foi uma iniciativa integrante de esforço internacional em favor de regras jurídicas específicas para o desgaste emocional na prestação de serviços diretos.

O terceiro inquérito europeu sobre as condições de trabalho, realizado pelo Fundo Europeu para a Melhoria das Condições de Trabalho e de Vida (sediado em Dublin), foi publicado em dezembro de 2000. Baseado em entrevistas diretas com 21.500 trabalhadores na União Européia, disseminou o conceito de "assédio moral" como inclusivo de condutas abusivas que vinculam, desde o "assédio sexual" (utilização de posto de superioridade para obtenção de favores sexuais), passando pelo *bullying* profissional (sadismo nas relações diretas entre colegas de trabalho), até a própria organização do trabalho (depreciadora de iniciativas pessoais ou instigadora de uma competição impeditiva da cooperação). Doze milhões de pessoas (8% dos trabalhadores da União Européia) declararam-se vítimas de assédio moral no trabalho, nos 12 meses precedentes ao estudo.[327]

No conjunto, os estudos de Dublin e da agência européia para a segurança e a saúde no trabalho (EU-Osha), publicados em setembro de 2000 (relatórios dos Estados europeus e inquéritos de 1996), concluem que o assédio moral, a violência física e os problemas ergonômicos são fatores de risco com conexão psíquica, ao lado dos riscos químicos e físicos para a saúde. O trabalho sob elevada tensão aumentou na década de 1990, e as mulheres estão mais sujeitas aos abusos.

Estabeleceu-se uma relação direta entre, por um lado, o assédio moral no trabalho e, por outro, o estresse, o trabalho sob forte tensão, a concorrência excessiva, a redução da segurança profissional e a precariedade da situação laboral.[328] As conseqüências para as pessoas e os grupos de trabalho são relevantes, da mesma forma que os custos para as empresas e a sociedade.

Quer se trate de assédio vertical descendente (do superior para o subordinado) ou ascendente, transversal (horizontal) ou misto, os estudos apontam suas conseqüências devastadoras para a saúde física/psíquica, inclusive das famílias, que passam a necessitar de assistência médica e psicoterapêutica, levando-os a ausentarem-se do trabalho por doenças ou a demitirem-se. Entre as pessoas sujei-

---

[325] ILO, "Record of decisions", no site oficial <www.ilo.org>.
[326] Id.
[327] Exposição de motivos da Resolução nº 2.339/01 do Parlamento europeu, sobre o assédio moral no trabalho, no site <www.assediomoral.org>.
[328] Id.

tas a assédio moral, 47% declararam ter um trabalho com muito estresse, enquanto a percentagem entre todos os questionados é de 28%. As ausências por motivo de saúde são mais freqüentes entre as pessoas sujeitas a assédio moral (34%) do que no conjunto total (23%).[329]

Em trabalhadores individuais a discriminação humilhante se revela por dificuldades de cooperação, baixa tolerância ao *stress*, perturbações da saúde física, consumos abusivos ou reações psíquicas (insônia, depressão ou idéias de suicídio).[330] O grupo de trabalho é afetado seriamente pela diminuição da eficiência e produtividade, aumento da crítica, da rotação do pessoal, ampliação de pequenos problemas e contínua busca de novos "bodes expiatórios". A esses custos se acrescentam a redução da qualidade, o desgaste da imagem da empresa e a perda de clientes.[331] Para a sociedade em geral, o assédio moral no trabalho resulta em custos para a assistência médica e psicológica, aumento dos períodos de baixa e pensões antecipadas.[332]

Lastreando pareceres que destacaram a vitimização especial das mulheres nos crescentes contratos precários de trabalho (deputada Ilda Figueiredo)[333] e o fato de o aumento de incapacitados para o trabalho se dever essencialmente a motivos psíquicos (deputada Patsy Sorensen),[334] adveio a Resolução nº 2.339 do Parlamento europeu, em julho de 2001, sobre o assédio moral no trabalho. São medidas preventivas específicas, diante da insuficiência das legislações nacionais que, na maioria dos Estados-membros, apenas permitem a intervenção mediante prova difícil, dado o caráter difuso do fenômeno. Poucos países, como a Suécia (lei específica sobre vitimização no trabalho), o Reino Unido (Code of Practice on Disciplinary and Grievance Procedures) e a França (Loi de Modernisation Sociale), definiam o conceito, e outros, como Irlanda e Bélgica, apresentavam iniciativas nessa direção. Particularmente, o estresse no trabalho de assis-

---

329 Exposição de motivos da Resolução nº 2.339/01 do Parlamento europeu, sobre o assédio moral no trabalho, no site <www.assediomoral.org>.

330 Id.

331 Id.

332 Exposição de motivos da Resolução nº 2.339/01 do Parlamento europeu, sobre o assédio moral no trabalho, no site <www.assediomoral.org>.

333 Alteração 1 ao projeto de parecer (298.124) da Comissão dos Direitos da Mulher e da Igualdade de Oportunidades (7-6-2001).

334 Alteração 3 ao projeto de parecer (298.124) da Comissão dos Direitos da Mulher e da Igualdade de Oportunidades (7-6-2001).

tência à saúde (*health care*) era objeto de estudo na Alemanha, Espanha e Áustria, além dos já citados.[335]

Nos EUA, a Occupational Safety and Health Administration (Osha) é uma agência pública tão independente do governo quanto sua congênere européia, mas dotada de prerrogativas normativas. Exerce ampla fiscalização, contando, em maio de 2004, com cerca de 2.100 inspetores espalhados em mais de 200 escritórios pelo país, especializados na investigação de discriminações. A Osha fixa padrões de proteção e zela por sua aplicação, além da comunicação direta com o público mediante entrevistas de opinião (*surveys*).[336]

Em setembro de 2003, estava em curso a normatização do assédio moral no trabalho em diversos países, como Portugal, Suíça, Uruguai e Chile.[337] No Brasil, o tema foi introduzido pelo reconhecimento de seu aspecto de assédio sexual, cuja visibilidade se ampliou pela acusação pública de um ministro (juiz) do Superior Tribunal de Justiça por uma ex-assessora e filha de outro ministro do tribunal.[338]

A gestão das empresas, especialmente a inserção de trabalhadores e acionistas minoritários, também amplia sua dimensão jurídica, diante da percepção de maior dependência contemporânea de suas relações com as organizações empresariais. Assim, é interessante verificar o impacto do avanço da desregulamentação, flexibilização e descentralização do trabalho sobre a participação de trabalhadores na gestão da empresa, na experiência alemã, onde ela mais se desenvolveu.

Os comitês de fábrica alemães têm a base jurídica de sua gestão participativa na lei de configuração da empresa (*BetrVG*) de 1972, que engloba todos os contratados, excetuando os executivos, cuja relação de confiança com a diretoria é essencial.[339] Além das tendências opostas, por um lado, dos representantes dos empregados em testar os limites da participação conferida (acentuando-os) e, por outro lado, das associações de empregadores de questioná-la (reduzindo-os), os acordos produzidos e que limitavam a liberdade do empresário, principalmente nas relações trabalhistas, continuavam incólumes.

---

[335] Lista de temas do setor sanitário da Agência Européia para a segurança e a saúde no trabalho, no site oficial <www.europe.osha.eu.int>. A Comissão Européia já questionou Luxemburgo, Suécia e Irlanda por não-conformidade e não-comunicação de medidas nacionais com diretivas comunitárias (artigo 226 do tratado) sobre saúde e segurança no trabalho. A agência européia foi instituída pelo regulamento 2.062/94 e está sediada em Bilbao (Espanha).

[336] Objetivos, estrutura e serviços da Osha, no site oficial <www.osha.gov>.

[337] Dados do site www.assedio moral.org (acesso em 19-5-2004).

[338] Revista *Consultor Jurídico* de 13-5-2004.

[339] Konzen, 1994:15-17.

Apenas 37 sentenças, entre 1976 (ano em que surgiu a lei de gestão participativa para empresas com mais de 2 mil empregados) e 1986, demonstravam a raridade de sua contestação judicial pelos empregadores.[340] Em 1994, se identificou a tendência à **expansão** das competências dos conselhos de fábrica, à medida que o Judiciário aprovou planos cujas prestações superavam a compensação de injustiças sociais.[341] Mesmo a eliminação de planos sociais acordados, proposta pelo governo alemão, carreou para a gestão participativa a própria negociação salarial, enquanto outras forças políticas (socialdemocratas e "verdes"), ainda antes da reunificação alemã, reforçavam a tendência à expansão jurídica dos conselhos.

Até os executivos, cargos de confiança da direção empresarial, embora sem a dimensão conferida aos conselhos de fábrica, adquiriram direitos específicos. A lei de comitês porta-vozes, em dezembro de 1988, disciplinou sua organização para a defesa de seus interesses perante as diretorias e os demais empregados,[342] importando em inovação jurídica que rompe com a história e tradições empresariais.

A maioria das empresas (especialmente as de grande porte) tem o eixo decisório nos seus executivos, mais do que nos seus acionistas (especialmente os não-majoritários) ou nos seus proprietários (especialmente nas sociedades anônimas), devido à dispersão dos primeiros, e afastamento necessário de ambos, do cotidiano do mercado.

Na década de 1970 já se reconhecia (com a consolidação da *managerial revolution* pela qual o empresariado norte-americano apostou na profissionalização plena de seus administradores a partir da década de 1950) que, entre as 500 maiores companhias industriais dos EUA, havia poucas em que o principal diretor executivo esperaria estar no cargo mais de oito a 10 anos.[343] Embora esta situação decorra da distinção total entre **titularidade** e **disposição** do bem (pela qual o capitalismo realiza suas potencialidades), estabelece importantes diferenças de interesses.

Se, até atingir o ponto mais alto da hierarquia organizacional, o executivo se concentra nos problemas imediatos de sua área de responsabilidade e, como dire-

---

[340] Konzen, 1994:16. No Brasil, o tema integra a pauta de discussão, no Fórum Nacional do Trabalho, sobre uma proposta de reforma trabalhista, a partir de 2005. Matéria do jornal *Valor Econômico*, p. A4, de 15-7-2004.

[341] Ibid., p. 19.

[342] Ibid., p. 16. No Brasil, o tema integra a pauta de discussão, no Fórum Nacional do Trabalho, sobre uma proposta de reforma trabalhista, a partir de 2005. Matéria do jornal *Valor Econômico*, p. A4, de 15-7-2004.

[343] Woodward, 1976:80-81.

tor principal, é usualmente aposentado muito antes de o programa que iniciou gerar resultados (para melhor ou pior),[344] em virtude da sistemática necessidade de renovação dos métodos e percepções (que integra a dinâmica do crescimento empresarial impulsionada pela concorrência), suas atividades são, compulsivamente, orientadas para o curto prazo.

Ora, essa não é a percepção dos acionistas, cuja orientação é talhada pelo longo prazo. A menos que vendam suas ações (ou a empresa como um todo), os donos da companhia e os demais acionistas ainda serão profundamente afetados pelo que ela vier a fazer em 10 ou 20 anos.[345] Estão interessados no longo prazo, onde perspectivas econômicas nacionais e globais são importantes para qualquer empresa.[346]

Auxiliados pelos tribunais, acionistas ativos conseguem afrouxar o controle da gerência sobre as grandes companhias de capital aberto. O precedente americano foi a decisão (fevereiro de 1975) de um tribunal federal que forçou a reestruturação da Northrop Aviation Corporation mediante a admissão de diretores externos em número suficiente para retirar o controle dos de dentro. O progressivo reconhecimento dos interesses difusos da sociedade (especialmente o ambiental) se alia aos interesses dos acionistas das empresas, com a ampliação de seus **direitos de participação** pelas legislações nacionais.

O atual movimento de revisão dos padrões legislativos implica sucessivas ampliações dos mecanismos de proteção, oferecendo remédios legais aos acionistas minoritários quando o acionista controlador tenta alterar, ainda que de modo indireto, o objeto social da empresa (sua atividade preponderante) ou reduzir o dividendo obrigatório, desfigurando, assim, os motivos que justificaram o investimento naquele risco empresarial.

Os vetores que balizam o direito empresarial contemporâneo (francamente emergente também no Brasil, com as alterações da legislação de sociedades anônimas)[347] são a *equityworthiness* (noção jurídica que define uma empresa com diversas possibilidades de se capitalizar, em dado momento)[348] e a *creditworthiness* (noção jurídica que define a empresa apta a saldar obrigações financeiras assumidas em certa operação).[349] Ambos são conceitos pelos quais os acionistas não-

---

344 Woodward, 1976:81-82.

345 Ibid.

346 Ibid., p. 95.

347 Lei Federal nº 10.303/01 (altera a Lei nº 6.404/76).

348 Pantoja, 2001:167, 172.

349 Ibid., p. 173-175.

controladores das empresas se valem, perante os tribunais (a partir da experiência e jurisprudência corporativa americanas, disseminando-as), para interferirem, mais decisivamente, nos negócios encetados pelas diretorias empresariais.[350]

Desregulamentação do mercado ou sua absorção pelo direito?

A partir da década de 1980, adveio um avanço do mercado historicamente incomparável, mesmo com sua emergência no século XVIII. As privatizações o inseriram nos serviços públicos, as desregulamentações o imunizaram de finalidades especiais a serem mantidas ou alcançadas, as descentralizações flexibilizaram a estrutura empresarial mesmo em contextos monopolistas: todas concorreram para sua emancipação do Estado.

A sociedade preferiu o mercado (inclusive pelo apoio político aos programas partidários e governamentais denominados "neoliberais") para promover as inovações sociais de base tecnológica que caracterizam a contemporaneidade, descartando a confiança que depositara, até recentemente, no dirigismo estatal. Foi a vitória da **coordenação** (mais apropriada à velocidade das transformações contemporâneas) pelo mercado sobre a **condução** pelo Estado (no qual a luta política contém um tempo próprio e distinto da tecnologia) como impulso radicalizante da modernização desejada. Nunca fomos tão modernos.

O desafio ecológico assumiu, naquela década, dimensão bem maior que a da preservação de áreas naturais. Tornou-se o dilema essencial da modernidade, defrontada com a possibilidade do esgotamento dos recursos necessários à sociedade urbana e industrial que consolidara. Ou se renunciava ao crescimento como objetivo permanente (marca da vida moderna) ou **se conferia renovabilidade aos meios** utilizados nas relações sociais.

A escolha desta alternativa orienta toda a produção tecnológica contemporânea, apoiada no tripé das tecnologias informacional, genética e nuclear. A informatização online despotencializa o desperdício de tempo e energia, disponibilizando as várias alternativas de interesse do usuário; a bioengenharia fornece espécies de sustentabilidade econômica superior às encontradas na natureza; a exploração do átomo, principalmente o controle da fusão e a manipulação de células de hidrogênio, será uma fonte energética inesgotável. Portanto, o esfor-

---

350 É o caso também de órgãos públicos com prerrogativas judiciais, embora externos ao Judiciário. Como na intervenção da Agência Nacional de Telecomunicações (Anatel) apoiando a volta da Telecom Itália ao bloco de controle da Brasil Telecom, afetando o Banco Opportunity na guerra entre sócios. Matéria do *Jornal do Brasil*, p. A20, de 23-1-2004.

ço contemporâneo é o de produzir recursos renováveis ou assim converter os recursos naturalmente finitos. A velocidade imprimida à atual evolução tecnológica é apenas o aspecto mais visível de nossa busca pela incessante renovabilidade dos meios de vida.

Evidentemente, a lógica da complementaridade entre oferta e procura do mercado é mais capacitada ao acompanhamento do avanço tecnológico vertiginoso da contemporaneidade que a lógica da correlação de forças políticas do Estado. Esta é **macro**, incluindo as resistências à modernização e externas à dinâmica tecnológica; aquela é **micro**, bastando-lhe o cruzamento das possibilidades de invento técnico e investimento econômico para que a inovação seja introduzida, já que é da sua dinâmica detectá-la onde estiver. O mercado superou o Estado na economia quando ela passou a depender **diretamente** da tecnologia.

No entanto, um novo concorrente se apresenta ao mercado: o direito. Com o impulso conferido pelo mercado às inovações, elas começam a ultrapassar sua capacidade de acompanhamento e coordenação, já que as inovações sociais de base técnica geram não apenas uma sociedade tecnicamente dependente, mas uma sociedade (tecnicamente) **interdependente**.

Própria à dinâmica do mercado é a geração de externalidades negativas, que são os ônus (custos) advindos das operações mercantis, lançados sobre os que não estão diretamente envolvidos nelas: os preços repassados aos consumidores da transação entre fornecedores e comerciantes; a poluição despejada no entorno da fábrica cujos produtos dependem de insumos nocivos etc. Ora, ao acarretarem **conseqüências diretas** de seu manejo, as tecnologias contemporâneas **generalizam** as externalidades negativas, de modo que elas atingem, potencialmente, toda a sociedade e, simultaneamente, as convertem em **internalidades** negativas ao retroagirem, imediatamente, sobre as próprias empresas.

A **interdependência absoluta** é o resultado comum às conseqüências sociais das tecnologias contemporâneas. A redificação informática (da qual a internet é o modelo) proporciona tanta vulnerabilidade aos "vírus" de computador quanto comunicação instantânea; a engenharia genética propicia tanta desordem da natureza (incluindo a humana) quanto adaptação de espécies animais e vegetais; a fusão nuclear ocasionará tanto risco ambiental quanto provisão energética. A incerteza é o sobrenome da contemporaneidade, impondo que abandonemos qualquer esperança ou pretensão de suprimi-la, mesmo durante períodos curtos e determinados.

Para o mercado, incerteza é sinônimo de perigo. Na interdependência absoluta, é uma condição permanente em que todas as ameaças se concretizam, cabendo-nos selecionar o grau de sua realização e/ou a compensação proporcional à sua ocorrência. Qualquer ônus, mesmo de extração localizada, se refere à sociedade inteira, em virtude de sua generalização potencial.

A vocação do mercado à complexificação crescente da vida social, ao se radicalizar com a globalização econômica, a metropolização urbana e a instabilização climática, vem gerando uma sociabilidade na qual ele se insere como um corpo estranho, que causa ou extrapola os riscos da convivência humana. A incerteza inerente à sociedade contemporânea emergente torna o mercado volátil, à medida que dificulta, cada vez mais, a definição do público-alvo pelas empresas e a reorientação tecnológica de suas atividades, à medida que ela passa a pressupor o mesmo movimento das demais.

Assim, os avanços do mercado nas duas últimas décadas do século passado ultrapassaram o Estado como condutor da modernização mas, ao potencializarem a interdependência social, mobilizaram novos procedimentos jurídicos para lidar com complexidades que não se prestaram à luta política (por envolver interesses difusos, portanto, suprapartidários) e nem à auto-regulamentação mercantil (já que os interesses difusos exigem padrões de uniformidade). Na esteira atual do mercado, o direito se desenvolve sobre o aprofundamento da interdependência.

As privatizações mercantilizaram serviços essenciais à evolução tecnológica, de modo que seus investimentos contínuos passaram a depender de novas garantias contratuais e jurídicas plasmadas num direito econômico ou administrativo (que salvaguarde a inserção das empresas). Assim agências públicas (reguladoras) independentes dos governos foram encarregadas da conversão de padrões técnicos especializados em normas jurídicas (direito ambiental, urbanístico, agrário, sanitário, econômico e outras modalidades).

As flexibilizações empresariais estimularam a segregação do direito, estendendo-o como cidadania por gênero, orientação sexual, etnia, idade etc. Na contemporaneidade, são questões aparentemente específicas, mas efetivamente articuladas a toda a sociedade, como no caso da saúde, veiculada pela campanha atual do *Greenpeace* contra a toxicidade de materiais presentes nas empresas e residências.[351]

Uma comparação entre o mercado e o direito, como modalidades de regulação social, se faz necessária para compreender melhor suas semelhanças enquanto mecanismos de coordenação de conflitos, que os tornam mais apropriados que o dirigismo estatal das políticas públicas para lidar com a contemporaneidade. E também a demarcação de suas diferenças, como soluções institucio-

---

351 <www.greenpeace.org>.

nais de riscos sociais, a fim de prognosticar o resultado da luta aberta entre mercado e direito na contemporaneidade.

Empresas são sistemas complexos adaptativos, significando agregações cujos elementos permanecem autônomos, apesar de integrarem um conjunto. A dinâmica que as torna capazes de responder ativamente ao que ocorre ao seu redor, sem que seja necessário planejamento ou controle exterior, reside em duas regularidades: de **regras comuns** e de **informações disponíveis.**[352]

Sua coesão, portanto, depende da vigência de normas gerais (principalmente jurídicas, isto é, independentes dos indivíduos aos quais se aplicam) que estabelecem um mínimo de expectativas comportamentais entre os membros da organização; e da captação de informações da conjuntura (principalmente econômica, isto é, da movimentação dos demais agentes no mercado) na qual a empresa se insere.

Apesar de as empresas lidarem, inevitavelmente, com informações sempre incompletas (daí o risco do mercado), é do seu processamento mediante previsão (da gerência) e *feedback* (de todos)[353] que advêm, essencialmente, a sustentabilidade e o crescimento da organização empresarial. Isso porque a empresa é uma organização dependente da sua contínua adaptação às conjunturas e permanente aprendizado com as conseqüências (*feedback*) de seus empreendimentos. Ao reconhecer a crescente interdependência contemporânea, generalizando incertezas e potencializando a volatilidade do mercado, a "teoria da complexidade" (de influência progressiva no empresariado) apóia a desburocratização dos mecanismos de informação para reduzir o *timing* entre sua captação, elaboração e implementação pelas administrações empresariais.[354]

No entanto, se o mundo que se constitui for o que chamei de interdependência absoluta, tal esforço, embora positivo, não será suficiente, pois um contexto interdependente, em que as conseqüências produzidas tendem a ser imediatas, deprecia a sua previsão e inutiliza o seu *feedback*, cada vez mais tardio. Creio que, para as empresas **em seu conjunto**, sua coesão e crescimento passarão a depender mais das regras vigentes que das informações captadas.

---

[352] Agostinho, 2003:28.

[353] Ibid., p. 30.

[354] "Os administradores vêm notando que o controle rigoroso de suas organizações é impraticável (...). Ao contrário, o administrador deveria olhar com atenção as propriedades que emergem conforme o sistema se auto-organiza e aprender maneiras de preservar as condições que propiciam a emergência das melhores soluções" (Agostinho, 2003:16).

Diante de conjunturas nas quais a incerteza é extrema, apenas as regras interdependentes e comuns servirão, com informações confiáveis. Daí o crescimento do direito, a despeito da resistência empresarial, em curso nas organizações, ampliando sua natureza jurídica (tradicionalmente lastreada apenas em poucas regras básicas, trabalhistas e concorrenciais).

De fato, o direito funciona (não só nas empresas) como o estoque mínimo de informação que permite a articulação entre expectativas no interior de uma organização. Com a variabilidade e fluidez da contemporaneidade emergente, acentuando a incerteza do destino da empresa e de suas conseqüências, tendentes à generalização pela maior interdependência econômica, é do interesse difuso dos seus integrantes e da sociedade em geral que provenha a institucionalização de mecanismos de coordenação mais aptos a lidar com a velocidade crescente das inovações tecnológicas e das respectivas mudanças necessárias de rumo que o mercado.

O direito é esse mecanismo de coordenação mais flexível por ser dotado de duas vantagens comparativas em relação ao mercado como regulação social: a **imediaticidade das conseqüências** como pressuposto e a **redução da complexidade** como efeito, inerentes aos procedimentos jurídicos.

Como regulação social, o direito é um mecanismo cujo objetivo é a atribuição de conseqüências imediatas às ações que prevê, sejam positivas (a fruição do bem pretendido) ou negativas (a sanção cível ou criminal). Para o direito, não há ações juridicamente previstas sem conseqüências previamente estabelecidas para serem efetivadas desde a sua ocorrência. Daí o seu efeito retroativo quando o reconhecimento do fato é posterior ao acontecimento: porque os efeitos jurídicos são devidos desde logo.

Também é um mecanismo que reduz a complexidade das situações de que trata, mas sem eliminá-la. Assim, o raciocínio jurídico é o da proporcionalidade dos fatores envolvidos: há dois lados indispensáveis (representados pelas figuras de autor e réu), porém maleáveis, já que a vitória de um sobre o outro não precisa ser total.

Em termos práticos, o direito é um redutor da complexidade social, diminuída apenas para facilitar decisões, as quais, entretanto, resultam da **ponderação** de todos os elementos da situação juridicamente considerada.

A polaridade entre oferta e procura foi uma coordenação eficaz da diversidade das preferências que marca a modernidade, enquanto as suas conseqüências (principalmente as negativas) eram mediatas e localizadas. Na sociedade contemporânea emergente, onde o tempo tende ao zero (da instantaneidade) e o espaço ao infinito (da globalização), as conseqüências passam a ser imediatas e generalizadas, tornando imperiosa sua prévia determinação (tanto para a sociedade quanto para as empresas). Portanto, **deixa de ser eficiente** o processo de adaptação progressiva entre oferta e demanda, à medida que produziria soluções muito tardias. Na contemporaneidade, o vínculo entre elas tende a ser imediato: cada vez mais, produz-se o que já está vendido; vende-se o que já está sendo consumido.

Ademais, o mercado é uma coordenação de condutas que maximiza a complexidade social, já que a competição entre os agentes econômicos, aliada à busca de adequação entre oferta e procura, estimula a profusão das possibilidades. Isso não era um problema na alavancagem de sociedades tradicionais ou modernas de razoável complexidade, formadas por indivíduos e grupos. Na contemporaneidade, entretanto, a complexidade é a sua própria natureza e sua potencialização tende a exacerbar um processo que já se desenrola sem estímulos, ampliando os riscos econômicos, sociais e ecológicos que carrega.

Portanto, embora ambos sejam métodos de coordenação (e não de direção, como a política), abertos à complexidade social (ao contrário da decisão política, mediante a lógica que divide a realidade em aliados e adversários), direito e mercado supõem ideais reguladores distintos. Relações mercantis são relações entre pólos **complementares**, enquanto relações jurídicas se dão entre pólos **correspondentes**.

O paradigma da complementaridade fornecido pela polaridade oferta/demanda significa que um comportamento é praticado como adendo de outro, já praticado ou em vias de sê-lo. O objetivo é a completude que advém da sintonia entre os comportamentos praticados. Ou seja, eles **se completam** e tal complementação é o motivo da relação de troca.

O paradigma da correspondência fornecido pela polaridade direito/dever significa que um comportamento é praticado como fundamento de outro, cuja prática é uma conseqüência necessária do primeiro. O segundo comportamento **é o objetivo** almejado pelo primeiro, como seu resultado pretendido. Ou seja, não basta que eles ocorram, mas que aconteçam de um modo previamente prefigurado e independente de ambos os (ou mais) participantes. O direito é um mecanismo de indexação flexível, como o estabelecido pelo Congresso Nacional (Poder Legislativo) brasileiro, ao vincular os futuros reajustes do salário mínimo (a partir de 13 de julho de 2004) ao desempenho do PIB (após décadas de sujeição do tema às decisões políticas conjunturais).

O quadro 2 fixa as diferenças sutis entre o direito e o mercado como mecanismos de regulação social.

Quadro 2

Métodos de regulação social	Relações sociais	Complexidade social	Resultados sociais
Mercado	Complementares (oferta/demanda)	Incrementador da complexidade social	Contingentes (aleatórios e indeterminados)
Direito	Correspondentes (direito/dever)	Redutor da complexidade social	Contingenciados (prefigurados e determinados)

Em seus primórdios, o mercado ameaçou a interdependência elementar da sociabilidade nas famílias, na religiosidade, na vida humana. O avanço do direito, como atesta a *speenhamland law* inglesa, expressou o movimento de autoproteção da sociedade, demarcando juridicamente (e limitando) a esfera do mercado, o qual, por sua vez, também se beneficiou da expansão jurídica, à medida que ela fortalecia outro elemento básico da convivência, do qual inclusive as relações mercantis dependiam: a confiança pessoal.[355]

Hoje, o mercado é ameaçado por uma outra interdependência, gerada por ele e cuja dimensão tendencialmente absoluta o volatiliza a um grau que afeta diretamente tanto as empresas quanto seus operadores, levando-os a falências generalizadas ou à paralisia dos negócios.

Não estou propondo que o direito solucione a vulnerabilidade mercantil; estou constatando que, mais uma vez, a expansão jurídica, em níveis sem precedentes, exprime o interesse difuso da sociedade, no controle desta vez das conseqüências de uma evolução tecnológica cujo ritmo é autônomo e ascendente. Interessa à sociedade a continuidade das pesquisas sob implementação cautelosa, e o instrumental jurídico é o equipamento social mais adequado para isso.

Está em curso um processo de absorção do mercado pelo direito. As trocas continuarão sendo vitais na atividade econômica, porém elas estão deixando de ser contingentes e se tornando contingenciadas. A diferença é que, nas trocas contingentes, domina a coincidência fortuita ou acidental entre a oferta e a procura, como iniciativas que **podem** (ou não) se encontrar no mercado. Portanto, o encontro entre agentes econômicos não é predeterminado, seja quanto ao objeto, aos envolvidos ou ao momento da transação.

A atual expansão jurídica sobre o mercado não suprime as trocas, nem a sua voluntariedade (não as torna obrigatórias), mas **as contingencia**, ao qualificá-las, juridicamente, como operações de reciprocidade. É assim, quando impõe a efici-

[355] Polanyi, 2000, caps. 6, 7 e 10.

ência energética como dever jurídico à produção industrial em todo o planeta (Protocolo de Kyoto); quando formula vínculos jurídicos subordinando a competição empresarial à cooperação social (nas práticas do direito concorrencial e nos contratos públicos); quando transforma os vários aspectos do consumo em relações jurídicas (nas legislações e órgãos públicos para defesa de consumidores); quando reforma a corporação empresarial (pelo fortalecimento dos acionistas minoritários); quando converte as próprias empresas em meros sujeitos de direitos no ambiente econômico (pelas exigências de transparência operativa da *creditworthy* e de capitalização suficiente da *equityworthy*); quando torna a própria sustentabilidade empresarial assunto dos tribunais (pela judicialização de seu destino como organização). Enfim, quando os resultados das transações mercantis são juridicamente prefigurados, os operadores do mercado se tornam operadores do direito.

Parte II
Um direito ético

Capítulo 3

Cidadania como moralidade

Nossa humanidade não deve ser medida por estatísticas.
NELSON MANDELA

A ética social da vida

As sociedades modernas se caracterizam pela separação entre as esferas nas quais transcorre a vida social: política, economia, direito e moral são esferas separadas e inconfundíveis, ao contrário das sociedades tradicionais, em que a religião a tudo subsumia. Assim, em cada uma apenas se aplica sua lógica própria. Na política, o binômio aliado ou adversário; na economia, o do útil ou inútil; no direito, o do legal ou ilegal; na moral, o do bem ou do mal. Portanto, a moralidade da sociedade não serve como uma ética aplicável aos outros campos da vida social. É o que permite qualificar a modernidade como dotada de um *ethos* frouxo.[356]

Significa que a *sittlichkeit* (valores morais ou critérios de bem/mal), nas sociedades modernas, apenas serve de **limite** para as demais esferas sociais. Heller exemplifica com a reprovação atual do racismo e do sexismo, observada pelos campos político e econômico modernos que não discriminam por etnia ou sexo no exercício do poder e na geração de renda.

Isto é, a fixação moral do bem e do mal é observada pelas esferas não-morais, que não a transgridem; porém a moralidade não se estende a elas para substituir

356 Heller, 1998:114-115.

suas lógicas próprias pela especificamente moral: política, economia e direito extraem sua legitimidade de suas lógicas específicas, funcionando sem o apelo a fundamentos éticos.[357]

Dois valores se universalizaram na moralidade moderna: a liberdade e a vida (no sentido de dignidade humana). Ambos se tornaram valores universais, associando-se ao valor condicional (porque dependente dos parâmetros culturais que variam, em termos nacionais) da igualdade. Assim, correspondem, respectivamente, aos lemas da "igual liberdade para todos" e da "igual oportunidade de vida para todos".[358]

A **liberdade** é o valor central da moralidade moderna, intrínseco à própria noção de indivíduo e da espontaneidade, essenciais às relações sociais da modernidade. Representa a capacidade de escolher entre alternativas, de formular preferências na intensidade dos desejos, de reconhecimento da vontade própria. Nada é mais moderno que a liberdade.

Com o desenrolar histórico da modernidade (e da liberdade como valor moral), emergiu outro valor com o seu desdobramento e com a mesma vocação universalizante: a **vida** ou dignidade humana, importando na valorização do indivíduo em virtude de seu pertencimento à espécie, que o torna merecedor das oportunidades para o seu desenvolvimento como pessoa. Esse valor foi um combustível da expansão da modernidade, acentuando a ruptura com as discriminações negativas, convertendo-as de virtudes tradicionais em vícios modernos.

Gênero, cor, origem social, renda e, posteriormente, orientação sexual, idade e deficiências (físicas ou não) doravante apenas seriam, legitimamente, objeto de discriminações positivas, que emancipassem seus portadores. A **dignidade**, como valor moderno, embora universal como a liberdade, é um aspecto que a integra como eixo moral da modernidade.[359]

Excetuando, pois, esses valores, nenhum outro se universalizou ao longo da história moderna e a todos os demais (inclusive a igualdade) não é possível atribuir um significado incontroverso.[360] Neles, vigora, ao contrário, tamanha disparidade de sentidos que impede qualquer acordo sobre o seu significado, até num mesmo sistema cultural ou ideológico.[361]

---

357 Heller, 1998:114-115.

358 Ibid., p. 121-122. A igualdade é valor condicional por depender da sua associação a outro valor como seu parâmetro.

359 Ibid., p. 122-124.

360 Ibid., p. 180-181.

361 Ibid.

A emergência de interesses difusos na contemporaneidade, revelando demandas que não se vinculam a indivíduos ou grupos determinados, alcançando, potencialmente, a sociedade inteira (como os temas ligados ao meio ambiente), altera a relação entre os valores universais da vida e da liberdade. O tempo contemporâneo é o do aprofundamento da interdependência social, à medida que os processos atuais de produção, consumo, urbanização e comunicação generalizam e intensificam os riscos da convivência humana, em escala historicamente inédita.

É cada vez maior a capacidade individual de agressão à sociedade como um todo, voluntariamente ou não: disseminando epidemias, inserindo programas incompatíveis com o software, realizando atividades de impacto ambiental, veiculando imagens midiáticas, experimentando insumos novos, manejando sistemas de múltiplas ramificações. Basta possuir um corpo para ser socialmente perigoso.

As condições contemporaneamente emergentes, radicalizando o risco social do convívio humano, impulsionam o valor moral da vida, em detrimento da liberdade. A interdependência abrangente e profunda da contemporaneidade inverte a relação moderna entre seus valores universais: agora, é a vida que absorve a liberdade como um de seus aspectos (ainda que essencial).

As demandas difusas pela "qualidade de vida" perpassam o ecossistema local, o lazer cotidiano, a alimentação funcional, a convivência emocional, a locomoção habitual, a carreira profissional, a indústria cultural, a atmosfera global, tornando a dignidade superior à liberdade. A vida é o valor moral central da sociabilidade contemporânea.

A liberdade continua sendo um valor universal e indispensável à moralidade contemporânea emergente, mas reinterpretada como capacidade de busca do desenvolvimento pessoal, de realização das vocações próprias **porque apropriadas ao sujeito**. Ser livre não é mais a meta, mas um meio para, escolhido o caminho adequado, ser digno.

A dignidade é assumida como valor universal fundamental da contemporaneidade, mas não em oposição à liberdade, considerada necessária para o conhecimento da identidade social do sujeito, cuja revelação o torna digno. Isto é, dignidade é **a revelação à sociedade da identidade pessoal** do sujeito e, para tanto, ele deve ser livre, não cabendo, porém, à liberdade depreciá-lo, por ela ser um **instrumento** da sua vida.

A modernidade é um contexto no qual predomina a **interdependência relativa**. Relações sociais são estabelecidas entre indivíduos livres cuja ligação é uma troca de benefícios através de um movimento duplo e simultâneo: **vinculação**

mútua entre os parceiros e sua desvinculação parcial da sociedade. Vejamos ambos os aspectos da modernidade e sua repercussão sobre a moralidade.

Por um lado, nas relações sociais modernas, seus envolvidos se tornam dependentes entre si, não para o alcance do mesmo objetivo, mas como cooperação que propicie alcançar os objetivos próprios e distintos de cada qual deles. Deliberadamente, passam a depender uns dos outros, de modo que só alcançam seus objetivos se objetivos alheios também forem alcançados.

Assim é em todas as esferas sociais, no **interior** das instituições: entre sócios nas empresas (incluindo os trabalhadores), entre correligionários nos partidos, entre fiéis nas igrejas, entre jogadores dos times, entre cônjuges nos casais, entre motoristas (incluindo os pedestres) no trânsito. A despeito disso não ser explicitamente assumido, nos é permitido tratar os outros como meios para nossos objetivos, desde que também sejamos seus instrumentos de satisfação.

Por outro lado, as relações sociais modernas desvinculam seus envolvidos da própria sociedade. Ao se estabelecer uma parceria, ela implica uma exclusividade entre os parceiros quanto ao objetivo de seu relacionamento (meios comuns para o alcance de fins distintos), de modo que desconsideram todos os que não foram incluídos nela.

Conseqüentemente, são relações sociais que geram interdependência entre seus envolvidos (relativa apenas a eles) **para** gerar sua independência (ainda que provisória, enquanto durar a relação e quanto ao seu objetivo) da sociedade. Consistem em relações sociais nas quais a dependência mútua dos envolvidos é a plataforma para a promoção de sua independência da sociedade.

Caracteriza-se a modernidade por uma interdependência que é **relativa** em ambos os aspectos constitutivos de suas relações sociais. As dependências mútuas estabelecidas funcionam apenas **em relação** aos envolvidos e a independência realizada o é apenas **em relação** a todos os demais, excetuando os parceiros. Não surpreende, pois, que a liberdade seja o valor moral fundamental nesse contexto, já que ela é o **pressuposto reposto** de suas relações sociais. Está presente no seu âmbito interno, já que as dependências recíprocas entre os participantes pressupõem serem livres para contraí-las, deliberadamente. E a liberação (preservação ou aumento da liberdade) também é o resultado pretendido e obtido pelos parceiros (ainda que provisória, parcial e relativa no sentido de não ser total) sobre o resto da sociedade, que constitui o âmbito externo de cada relação social moderna de parceria.

A sociedade moderna é composta, assim, de **parceiros** (envolvidos nas relações sociais) e **estranhos** (alheios a determinadas relações, embora integrantes de outras) como condições sociais concomitantes e cambiantes entre si.

O avanço da interdependência absoluta na contemporaneidade, pela qual iniciativas individuais tendem a assumir repercussões sociais cada vez mais amplas, valoriza mais a inserção do indivíduo na sociedade do que sua autodeterminação em face dela. Mas não se trata do retorno à moralidade tradicional da Antigüidade pré-moderna (que não admitia o indivíduo). Trata-se de uma moralidade emergente, que confere aos indivíduos, grupos e classes total responsabilização por si, pelos outros, pela sociedade.

Não é a sociedade que se responsabiliza pela pessoa, predeterminando-a inteiramente na posição social e impedindo sua assunção como indivíduo (sociedades tradicionais); nem é o indivíduo cuja autodeterminação implica a incessante refundação de si mesmo pelo inevitável enfrentamento do contexto social (sociedades modernas). Contemporâneo é o dever individual de cuidado da sociedade, que sucede o dever de sujeição (à sociedade tradicional) e o dever de liberdade (da sociedade moderna), de modo que a cada indivíduo **como tal** é reconhecida importância **social**.

À medida que as relações sociais emergentes ligam diretamente o indivíduo à sociedade (navegando pela internet, selecionando material genético, manejando energias radioativas, publicizando experiências conjugais amorosas, articulando afinidades culturais) torna-se indispensável o reconhecimento social das potencialidades individuais. À sociedade contemporânea importa reconhecê-las para apoiá-las como **dons** que qualificam seus membros para cuidarem dela, em vez de enfrentá-la.

Quando é inevitável a projeção individual sobre a sociedade (contemporânea), digno é o indivíduo que nela se projeta como uma contribuição a ser (socialmente) reconhecida. A dignidade reside na vida que se comporta no sentido de efetivar socialmente suas faculdades biopsicoculturais, em vez de se anular na coletividade (dinâmica social tradicional) ou de se contrapor a ela (dinâmica social moderna), respectivamente, contida pela opressão coletiva ou inacabada pela compulsão permanente da inovação individual.

Por isso, a generalização progressiva das conseqüências sociais de atitudes individuais, na contemporaneidade, fortalece a vida como valor moral, também porque impõe **à sociedade** a obrigação de favorecer a realização das várias potencialidades humanas (exceto, obviamente, as que depreciem a vida própria ou alheia).

A liberdade era o fio moral das exigências de contratação direta nas corporações de ofício, de formação de sindicatos pelos trabalhadores, de divórcio pelo feminismo, de conservação da natureza pelo ambientalismo, de combate às discriminações negativas, enfim, das demandas sociais modernas.

A dignidade é o fundamento moral da responsabilidade social nas empresas, de gestão participativa pelos trabalhadores, de partilha familiar pelos homens no feminismo, de desenvolvimento sustentável pelo ambientalismo, de promoção de discriminações positivas, enfim, das demandas sociais contemporâneas para dignificação da vida, elevação da sua qualidade. Não mais demandas quantitativas de liberdade, mas qualitativas da vida.

A ética da vida valoriza o cuidado da sociedade, por percebê-la como tão frágil quanto um jardim, cujo cultivo adequado e constante é essencial, seja para evitar sua devastação (o alastramento de epidemias como a Aids e a Sars; atentados em massa como os de Tóquio (2000), Nova York (2001) e Madri (2004); o truncamento da internet por programas como "Melissa", "Code Red" e "I Love You"; a desocupação crônica pela rapidez das inovações que tornam obsoletos os postos de trabalho), seja para angariar sua plenitude (definição de tratamentos geneticamente apropriados; sofisticação dos controles de tráfego urbano; interações mais diretas na internet; (re)qualificação concomitante dos trabalhadores durante as inovações técnicas).

Mais que qualquer outra que a precedeu na história humana, a contemporaneidade é a situação em que os indivíduos são fortes (pelas inovações tecnológicas) e a sociedade é fraca (pelo seu impacto social); em que o tempo tende ao zero (pela instantaneidade das conseqüências) e o espaço, ao infinito (pela globalização). Daí a gestação de valores que não se comprazem com suas dispersões locais, nem que se prestam à uniformização global: a vida é um valor universal tão amplo quanto a liberdade, e mais flexível e inclusivo que ela, apoiando assim a emergência de uma ética "glocal" – simultaneamente global e local.[362]

A ascensão contemporânea da vida sobre a liberdade – valores morais universalizados durante a modernidade – revela a elaboração de um *ethos* denso. Isso significa que a vida se torna uma idéia-força que não se restringe ao que Habermas denominou "mundo da vida" (o cotidiano das relações afetivas), carreando seus critérios morais de bem/mal também para as instituições do denominado "mundo sistêmico" (Estado e mercado).

---

[362] Criado em 2002, o Fórum Glocal questiona a globalização sob uma perspectiva local, com ênfase no caldeirão da humanidade. Em maio de 2004, realizou (sob o patrocínio da ONU) sua 3ª conferência "Glocalização", a partir de concerto beneficente com vários artistas de projeção internacional, articulados por Quincy Jones, sob o lema "We are the future", a favor de crianças afetadas por conflitos bélicos. Reunindo 1 milhão de participantes no Circo Massimo (Roma), reforçou os laços de cooperação direta entre cidades (e seus gestores) como Rishon Letzion (Israel) e Nablus (Cisjordânia). <www.glocalforum.org>.

É o que se evidencia no crescente questionamento ético de governantes (Clinton nos EUA, Collor no Brasil, Berlusconi na Itália, a configuração de índices para percepção de corrupção política)[363] e na progressiva adesão empresarial à responsabilidade social como estratégia de inserção econômica (o "desenvolvimento sustentável" formulado pelo relatório Bruntland em 1992 e o "Global Compact" lançado pela ONU em 1999).[364] Nada é mais contemporâneo que a vida.

Juridificando a moral

A centralidade do valor universal da vida, conferida pela progressiva interdependência absoluta (superando a liberdade como outro valor-idéia universalizado durante a modernidade), além de extrapolar os critérios morais próprios do "mundo da vida" às instituições políticas e econômicas modernas, obviamente também implica seu fortalecimento.

O eixo da sociabilidade contemporânea, com a subsunção da liberdade à vida, tende a se deslocar do "mundo sistêmico"[365] do Estado e do mercado, para o "mundo vivido"[366] das relações familiares e afetivas cotidianas. Uma das conseqüências dessa emergência de um "ethos denso" é o reforço das normas de conduta pelo recurso imediato ao direito. Nesse sentido, as novas questões morais já emergem com o crivo jurídico.

Nas relações entre pais e filhos, aspecto essencial da vida familiar como espaço afetivo, os dilemas morais se imbricam com o direito de modo historicamente inédito.

No estado norte-americano da Flórida, a legitimação da visitação forçada às crianças por seus avós (contrariando eventuais resistências paternas) pela Corte judicial estadual gerou uma celeuma que se espalhou pelo país. Foi constituído um movimento que reúne pais que contestam a legitimidade da visitação pela "terceira idade" ("*coalition for the restoration of parental rights*"), inclusive juridi-

---

363 A organização não-governamental "Transparência Internacional" divulga, periodicamente (desde a década de 1990), índices de percepção da corrupção política, a partir de *surveys* em vários países. <www.internationaltransparency.org>.

364 O Global Compact conflui o empresariado comprometido com os valores universais de "direitos humanos", mediante proposta de Kofi Annan (secretário-geral da ONU) no Fórum Econômico de 1999, em Davos. Seu terceiro encontro ocorreu no Brasil (Região Metropolitana de Belo Horizonte) em dezembro de 2004. <www.globalcompact.un>.

365 Habermas, 1985.

366 Ibid.

camente. Sua campanha se baseia na Constituição do país, argumentando que os pais continuam, legalmente, responsáveis pelas condutas de seus filhos, sem definir quem mais teria acesso a eles.[367]

De outro lado, o movimento de avós ("*grandparent forced visitation movement*") alega a legitimidade de suas expectativas, as quais seriam meros desdobramentos de sua condição de pais, no acesso aos filhos de seus filhos. Litigam, judicialmente, portanto (a jurisprudência ainda não foi assentada),[368] pais e filhos (avós e pais) pelo acesso às crianças (netos).

No Brasil, vigora, desde janeiro de 2004, o Estatuto do Idoso. Legislação sobre exercício de direitos da "terceira idade", criminalizou o desamparo de idosos por seus filhos e, na primeira semana de vigência da lei, já haviam sido indiciadas três pessoas.[369]

Em julho de 2004, o ministro Marco Aurélio de Mello, integrante do Supremo Tribunal Federal, dispensou as mulheres grávidas de fetos com anencefalia (sem cérebro formado) de qualquer autorização para efetivar o aborto, apesar de este continuar tipificado como crime na legislação. A decisão, com base no valor da vida como dignidade e em sua definição científica, exclui tal prática como abortiva, em termos penais.[370]

O Judiciário brasileiro também apresentou inovação importante num direito de família tradicionalmente lastreado em laços biológicos e patrimoniais. Em abril de 2004, o Tribunal do Estado de Minas Gerais aceitou a tese do dever (jurídico) de assistência emocional pelos genitores, condenando um pai ausente por falta de afeto e convivência, apesar de ele, separado e com nova família, ter sempre prestado a assistência material necessária. Vitorioso nas primeiras instâncias judiciais, o pai foi, afinal, obrigado a indenizar o filho em R$ 44 mil por danos emocionais advindos da recusa de qualquer convivência.[371]

Rodrigo da Cunha Pereira, um dos advogados da nova tese vitoriosa, já destacava, em maio de 2002, a decisão judicial pela guarda do filho da falecida canto-

---

367 <www.parentsrights.net>.

368 Id.

369 Matéria do *Jornal do Brasil*, p. A4, de 6-1-2004 (A4).

370 A 2ª Conferência Nacional de Políticas para Mulheres apoiou a decisão do STF, questionada pela Igreja Católica e pelo procurador-geral da República, Cláudio Fonteles, segundo matéria do jornal *O Globo*, p. 15, de 18-7-2004.

371 Matéria do jornal *O Globo* (1º caderno) de 12-6-2004. Em 8-8-2004, foi lançada a campanha de valorização do cuidado paterno na lagoa Rodrigo de Freitas (Rio de Janeiro), liderada pelo pediatra Marcus R. Carvalho, centralizada na influência da legislação e da jurisprudência, pela "guarda compartilhada" dos filhos de casais separados. Revista *O Globo*, n. 1, de agosto 2004.

ra Cássia Eller à mulher com quem tivera longo convívio amoroso, em vez do pai da artista, como critério afetivo de conotação jurídica.[372] O mesmo se dava na compreensão recente da paternidade (afetiva) reconhecida ao que cuida, e não ao doador de sêmen, quanto aos filhos nascidos de "bancos de sêmen", conforme defendido pelo Instituto Brasileiro de Direito de Família (IBDFam), presidido pelo advogado.[373]

Desde a década de 1990, aliás, com base na nova Constituição brasileira (1988), a legislação e a jurisprudência legitimavam famílias constituídas sem casamento, desde que fossem uniões estáveis entre homens e mulheres. Em junho de 2002, a Sociedade Internacional de Direito de Família realizou um encontro (Noruega e Dinamarca) que concluiu pelo afeto como critério jurídico apropriado, sob o tema "família e direitos humanos".[374]

O reconhecimento da convivência amorosa alheia ao casamento tradicional se expressa nas uniões civis e se radicaliza com o "casamento gay", evidenciando o avanço de direitos dos casais homossexuais diante dos heterossexuais, desde o final do século passado.

Em junho de 1989, a Dinamarca aprovou lei conferindo às uniões homossexuais direitos de moradia, pensão e imigração já exercidos por casais heterossexuais.[375] Em agosto de 1993, a Noruega oficializou a união de gays e lésbicas com praticamente os mesmos direitos dos heterossexuais casados.[376] Em junho de 1994, a Suécia legislou para que homossexuais se casem em cerimônias semelhantes às tradicionais, adotando filhos e fazendo inseminação artificial.[377]

Em março de 1995, a Corte Constitucional da Hungria anulou a lei que proibia casamentos homossexuais, legitimando suas uniões civis.[378] Em junho de 1996, a Islândia aprovou o casamento entre pessoas do mesmo sexo.[379] A Holanda reconheceu uniões homossexuais em 1998 e, em 2000, passou a permitir o casamento e a adoção de crianças.[380]

---

372 *Revista Jurídica Del Rey* (especial), n. 8, de maio de 2002.

373 Ibid.

374 <www.ibdfam.com.br>

375 Página "A evolução do casamento gay pelo mundo", em <www.athosgls.com.br>, acesso em 21-5-2004.

376 Ibid.

377 Ibid.

378 Página "A evolução do casamento gay pelo mundo", em <www.athosgls.com.br>, acesso em 21-5-2004.

379 Ibid.

380 Ibid.

Desde julho de 2002, a Alemanha permite o registro civil de uniões homossexuais para usufruírem dos mesmos benefícios sociais dos casais heterossexuais, enquanto na França à oficialização de uniões (2000) não corresponde igualdade com os casais heterossexuais sobre impostos, herança e paternidade. Em junho de 2003, a Grã-Bretanha possibilitou a formalização das uniões homossexuais e a Bélgica aprovou o casamento entre homossexuais com todos os aspectos jurídicos dos casamentos heterossexuais, abrindo a discussão sobre a adoção de filhos.[381]

Cesar Cigliutti e Marcelo Sunthein formaram a primeira união civil homossexual na América Latina, em cerimônia realizada em Buenos Aires (Argentina), em julho de 2003, conferindo-lhes alguns direitos dos casais heterossexuais.[382] Confrontando os limites legais remanescentes na França, Jean-Luc Charpentier e Stephane Chapin foram casados (em junho de 2004) pelo prefeito de Begles, Noel Mamére – o que lhe rendeu a suspensão do cargo – pretendendo ainda levar o caso à Corte Européia de Direitos Humanos.[383]

O Canadá legalizou, no mesmo ano, o casamento de homossexuais análogo ao tradicional, e o prefeito de Marselha anunciou a disposição de realizar outro casamento francês nos moldes do de Begles.[384]

Nos EUA, o Congresso (1996) proibiu o reconhecimento federal das uniões homossexuais, sem vedá-lo aos estados.[385] Em 2000, o estado de Vermont foi o primeiro a oficializá-las com quase todos os direitos dos casais tradicionais e, em fevereiro de 2004, o prefeito de San Francisco (estado da Califórnia), Gavin Newson, passou a emitir certificados de casamentos homossexuais que desafiavam uma lei estadual (proposição 22) que os restringia (desde 2000) a casais heterossexuais. Therese Stewart, da promotoria de San Francisco, questionou judicialmente a lei com a cláusula constitucional da igualdade (*equal protection of law*).

O presidente da República, George Bush, respondeu pedindo uma emenda à Constituição norte-americana para proibi-los, mas não vedando a oficialização de uniões civis. Quando, em março de 2004, a Suprema Corte da Califórnia proibiu os casamentos em San Francisco, 4.037 casais haviam sido oficializados.[386]

Não há qualquer reconhecimento na Estônia, Grécia, Polônia, Eslováquia, Eslovênia, Letônia, República Tcheca, Austrália, Luxemburgo e no Brasil, mas a

---

381 Matéria do jornal *O Globo*, p. 39, de 11-7-2004.
382 Matéria da Folha On Line de 18-7-2003 (www.folha.uol.com.br).
383 Matéria do jornal *O Globo*, p. 39, de 11-7-2004.
384 Ibid.
385 Página "A evolução do casamento gay pelo mundo", em <www.athosgls.com.br>.
386 Matéria de Dean E. Murphy no jornal *New York Times* de 18-3-2004.

inclusão jurídica dos casais homossexuais é francamente ascendente no Ocidente. Sua oficialização para efeitos jurídicos (com ou sem a designação de casamento) já se dá na ampla maioria dos países da União Européia (onde mais da metade da população, segundo pesquisa do Gallup, de 2003, era favorável ao casamento entre homossexuais). Na Espanha, o Parlamento aprovou, em junho de 2005, inclusive a adoção de crianças por cônjuges homossexuais, a despeito da franca oposição do papa Bento XVI.

O próprio Parlamento europeu tem na sua pauta, desde julho de 2004, o reconhecimento, pelos Estados-membros que não o permitiam, das uniões oficializadas em outros países, o que levou o primeiro-ministro australiano John Howard a pedir ao Parlamento Nacional para vedar a oficialização judicial das uniões realizadas no exterior.[387] Em maio de 2004, lastreados em nova jurisprudência da Suprema Corte de Massachusetts, foram permitidos casamentos entre pessoas do mesmo sexo nesse estado norte-americano.[388]

Além das novas relações familiares, também as novíssimas relações afetivas no ciberespaço se revestem de significado jurídico.

Embora a internet remonte à Guerra Fria dos anos 1960, quando se procurava confundir os ataques nucleares por uma rede de computadores (de modo que a perda de um ou muitos computadores não levaria à destruição dos dados essenciais), isto lhe permitiu uma configuração tão descentralizada que a tornou, hoje, tanto o lugar quanto (por isso mesmo) o fator principal e permanente de confrontação das várias culturas humanas.

Conseqüentemente, após a voga libertária que acompanhou o projeto World Wide Web no final dos anos 1980 (saudando-a como liberdade de expressão ilimitada, devida à preservação do anonimato), a internet é objeto de demandas pela regulação jurídica das relações que propicia. Atualmente, tais demandas provêm, igualmente, dos que buscam contê-la e dos que buscam expandi-la como meio de relações sociais.

O Vaticano está engajado, nesse sentido, incluindo todos os seus principais organismos (e não apenas o especializado "pontifício conselho para as comunicações sociais"), na regulamentação do acesso e uso da internet. Ainda que reconheça suas possibilidades de diálogo intercultural, as preocupações católicas acentuam o isolamento passivo que a individualização do acesso (subjacente à estrutura

---

387 Matéria do jornal *O Globo*, p. 39, de 11-7-2004.

388 "A evolução do casamento gay pelo mundo" em <www.athosgls.com.br>. Acesso em 21-5-2004.

da rede) propicia, enfraquecendo ainda mais, a seu juízo, o potencial de solidariedade humana.[389]

Entretanto, o Vaticano combate a divisão digital entre os que têm acesso e os que não têm acesso à rede, disponibilizando-a gratuitamente.[390] Concomitantemente, postula que sua estruturação seja acompanhada pela transposição das condutas criminalizadas fora da internet e adaptadas ao seu fluxo de palavras e imagens. Defende, ainda, a censura pública dos violadores dos códigos éticos já anunciados pela indústria dos "mass-media" e a criação de comissões de consulta sobre as suas atividades e representativas da pluralidade de opiniões dos segmentos sociais.[391]

Para a "Fundação do software livre" (*free* software *foundation*), cujo diagnóstico da rede é diametralmente oposto ao do Vaticano, seu desenvolvimento jurídico também seria essencial à sua evolução futura.

Foco atual de expansão da internet, a articulação de assistência técnica e jurídica para a disseminação do "software livre" se institucionalizou nos EUA em fevereiro de 1998 e na Europa com uma fundação-irmã (a FSF Europa) em março de 2001.[392] A Comissão Européia, órgão público central da Europa unificada, o adotou como meta institucional no continente, com a designação *libre* software por entender que a palavra "free" não define os vários sentidos da proposta.[393]

O movimento social pelo "software livre" combate a percepção puramente econômica do software (como tal), distinguindo-o de invenções como o telefone, o carro e a imprensa escrita. Sua virtualidade lhe conferiria um caráter de fenômeno cultural, comparável à descoberta da linguagem, e sua reprodução não apenas não lhe acarreta perdas, como impulsiona sua evolução.[394]

Baseia-se em quatro direitos que funcionam como liberdades, muito além da mera gratuidade de conexão com a rede, não obrigando os usuários a praticá-las, mas enquanto oportunidades permanentemente oferecidas como fundamentais[395] à sua operacionalização:

---

389 Comunicado "Ética na internet" do Pontifício Conselho para as Comunicações Sociais, em <www.vatican.va>.
390 Ibid.
391 Id.
392 Página principal da FSF Europa (www.fsfeurope.org).
393 Página "Porque é que existimos" em <www.fsfeurope.org>. A gratuidade, geralmente designada pela palavra inglesa, não esgota a profusão de oportunidades embutidas na proposta tecnológica.
394 Id.
395 "What is free software?" em <www.fsfeurope.org>. Acesso em 21-5-2004.

- de navegar para qualquer propósito no ciberespaço ("*To run the program, for any purpose*"), sem restrições arbitrárias quanto à duração, finalidade ou área geográfica;[396]
- de modificar o programa utilizado ("*To study how the program works, and adapt it to your needs*") e, portanto, de compreendê-lo para não estar à mercê do fornecedor;[397]
- de redistribuir cópias ("*To redistribute copies so you can help your neighbor*") a quem preferir, já que o software não tem custo de reprodução e isto incrementa a interação social no ciberespaço;[398]
- de solicitar melhorias ("*To improve the program, and release your improvements to the public, so that the whole community benefits*") ao programa, atendendo as deficiências técnicas do usuário pela própria interdependência do ambiente virtual, o qual ainda seria culturalmente ampliado pelas interações sociais.[399]

As FSFs norte-americana e européia atuam, basicamente, através de advogados em universidades e escritórios para influenciar o discurso jurídico e maximizar a segurança legal do "software livre".[400] As inovações tecnológicas estão favoráveis: o projeto GNU (de Richard Stallman, fundador do sistema operativo com este nome e da fundação norte-americana), do qual advieram as duas licenças mais utilizadas (GNU General Public License e GNU Lesser General Public License), foi incrementado pelo sistema Linux (GNU/Linux), cuja maior eficiência encoraja empresas a transitarem[401] para o "software livre", desenvolvendo ou ajustando modelos de negócios.[402]

Ainda no campo das relações cotidianas e afetivas no ciberespaço que adquirem inédito sentido jurídico, o Orkut é um caso exemplar. Criado no início de 2004 pelo programador Orkut Buyokkoten, já contava, em junho do mesmo ano, com milhares de comunidades virtuais. Os EUA já representam 33,2%, dos usuários e o Brasil, 25,9%.[403]

Aos serviços oferecidos, como murais virtuais (*scrapbook*), índices emocionais através de ícones e listas de atração (*crush list*) pelas quais o sistema promove

---

396 "What is free software?" em <www.fsfeurope.org>. Acesso em 21-5-2004.
397 Ibid.
398 Ibid.
399 "What is free software?" em <www.fsfeurope.org>. Acesso em 21-5-2004.
400 Página "O que é que nós fazemos?" em <www. fsfeurope.org>.
401 "O que é o projeto GNU?" em <www.fsfeurope>; também consultar <www.gnu.org>.
402 "Por que é que nós existimos?" em <www.fsfeurope.org>.
403 Revista *Mundo Estranho*, São Paulo, Abril, p. 46, jul. 2004.

aproximações pessoais, correspondem regras rígidas: apenas se ingressa no Orkut por meio de outra pessoa cadastrada (responsabilizando-a); não se toleram mentiras sobre dados pessoais (conferindo ao Google, ao qual o site é afiliado, até mesmo o direito de usar a foto do cadastrado), sendo o cadastramento com o nome completo, a idade mínima superior aos 18 anos, etc.[404]

Até mesmo as relações entre crianças (nas escolas, mas não só nesse meio) se tornaram objeto de preocupação reguladora, envolvendo, como todos os temas anteriores, o interesse difuso da sociedade no assunto.

Assim, cunhou-se o termo *bullying* para atitudes de depreciação da auto-estima, praticadas especialmente por uma(s) crianças(s) sobre outra(s). Compreendem as modalidades **física** ou direta (pela agressão ou ameaça do colega), **verbal** (uso de apelidos depreciativos, mentiras espalhadas no grupo e intrigas dirigidas so próprio colega) e **relacional** ou indireta (pela nocividade advinda do próprio círculo da criança, por amiguinhos que se valem da proximidade para humilhá-la, principalmente com o recurso à exclusão de eventos coletivos).[405]

As vítimas de *bullying* são as crianças diferenciadas da média pela aparência, personalidade, nível social ou acadêmico, com dificuldades de socialização com outras crianças. Sempre são crianças ignoradas pelas outras, solitárias ou com poucos amigos, quietas e sensíveis, fisicamente mais fracas que as outras e de baixa auto-estima.[406]

Os agressores (*bullies*) são as crianças com extrema necessidade de controle, geralmente com maior robustez física e sempre de bom nível de auto-estima além de expressiva presença social (num pequeno círculo de crianças que os seguem), sem serem, entretanto, efetivamente queridas. É um fenômeno que também envolve e afeta as outras crianças, como defensoras (das vítimas), indiferentes (*outsiders*), cúmplices (do *bully*), agressores também vitimizados etc.[407]

O *bullying* é uma preocupação crescente, desde a última década do século XX, galvanizando pais e professores nos temas do fracasso escolar, comportamentos pouco afetivos, exclusão, absenteísmo e violência nas escolas, principalmente na União Européia e EUA.

Os relatórios nacionais[408] produzidos indicam que há consideração do tema (para eventuais regulações) na Áustria, Bélgica, Dinamarca, Finlândia, França,

---

404 Revista *Mundo Estranho*, São Paulo, Abril, p. 46, jul. 2004.
405 "The characteristics and profiles of bullying"em <www.victec.org>.
406 Id.
407 Id.
408 Informes nacionais elencados em <www.gold.ac.uk>.

Alemanha, Grécia, Islândia, Irlanda, Itália, Luxemburgo, Holanda, Noruega, Suécia, Portugal, Espanha (onde o problema foi apontado pelo *defensor del publico*, órgão público de apoio à cidadania, em 1999) e Reino Unido, onde o tema multiplicou várias iniciativas locais bem-sucedidas,[409] consideradas exemplares pela União Européia.

Nos EUA, a percepção dominante é a de que o *bullying*, principalmente de origem escolar, é, mais que uma questão jurídica relevante, também um caso de polícia. Nesse sentido, mobilizou, em 2004, Christine Gregoire, a chefe do ministério público federal (*Washington attorney general*) como órgão público autônomo de fiscalização das leis, e uma campanha de âmbito nacional pelo policiamento em cada Estado.[410] Lastreiam-se em estudos que demonstraram que 90% dos estudantes são, de algum modo, afetados pelo *bullying*, bem como *bullies* e vítimas apresentam problemas, na vida adulta, relacionados a essas práticas.

Em maio de 2004, 17 Estados norte-americanos possuíam leis *antibullying*, e, dos 33 restantes, 11 apresentavam discussão sobre legislação.[411]

O próprio cuidado pessoal do corpo vem-se tornando objeto de uma ética receptiva, quando não abertamente estimulante, da dimensão jurídica. A generalização de doenças novas e antigas (conferindo-lhes sentido epidêmico) na contemporaneidade favorece a percepção do (auto) cuidado pessoal como tema de interesse difuso da sociedade e, conseqüentemente, como um direito individual **indisponível** (o qual se caracteriza pela impossibilidade de sua renúncia pelo indivíduo), assemelhando-o a um dever jurídico comum.

Diante do rápido incremento de doenças crônicas no planeta que, no ano de 2001, já contribuíam para 59% das mortes oficialmente conhecidas e para 46% do fardo global de doenças, o comunicado conjunto da Organização Mundial da Saúde e da Organização para a Alimentação e Agricultura, de 23 de abril de 2003, apresentou importantes conclusões de um relatório pericial independente sobre a dieta alimentar.[412] Abrangendo doenças cardiovasculares, vários tipos de câncer, diabetes, obesidade, osteoporose e doenças dentárias, o relatório aponta, com as evidências científicas disponíveis, uma relação entre dieta alimentar, nutrição e atividade física.[413]

---

409 Informes nacionais elencados em <www.gold.ac.uk>.

410 "Bully police USA" em <www.bullypolice.org>.

411 Id.

412 Comunicado conjunto OMS/FAO nº 32, em <www.who.int>. Acesso em 21-5-2004.

413 Id.

Ambas as agências incitaram os Estados nacionais a legislarem para favorecer a adoção, por suas populações, de uma dieta alimentar com pouco sal, açúcar e gorduras saturadas, e muitos legumes e frutas, aliada a uma atividade física regular (1 hora diária, com intensidade moderada).[414]

Gro Harlem Bruntland, diretora-geral da OMS, salientou que a maioria das doenças crônicas se dá nos países em desenvolvimento e que mesmo intervenções modestas aplicadas a uma vasta população para hábitos de equilíbrio das energias (geradas na alimentação e dispendidas nos exercícios) teriam impacto profundo no fardo geral de doenças crônicas.[415]

Jacques Diouf, diretor-geral da FAO, salientou o consenso dos 30 peritos independentes quanto à alteração das tendências alimentares e sedentárias, e que isso implicaria calcular as conseqüências de tais medidas na adaptação da produção e do comércio. Em janeiro de 2004, a OMS reiterou as recomendações no documento "Estratégia mundial sobre a dieta alimentar, atividade física e saúde".[416]

Com a eclosão da epidemia Sars (conhecida como "pneumonia asiática"), a OMS recomendou, em 22 de outubro de 2003, a padronização dos protocolos e testes de laboratórios que investiguem a doença, bem como a formulação de normas que assegurem a qualidade de seus procedimentos, dada a possibilidade de resultados não congruentes das análises.[417]

Em janeiro de 2004, EUA, Canadá e Grã-Bretanha criticaram os alertas de viagens sobre doenças em virtude de seu impacto econômico. Os três alertas divulgados pela OMS, desde 2003, atingiram companhias aéreas, hotéis e restaurantes que perderam milhões de dólares em Toronto, Hong Kong, Taiwan e partes da China.[418] Porém, mesmo a revisão das normas sanitárias internacionais, ocorrida em março de 2004 sob a pressão dos países mencionados, implicou seu fortalecimento, historicamente sem paralelo.

Trazendo a possibilidade de eficácia total nos transplantes de medula óssea, pela utilização do sangue de cordão umbilical, a engenharia genética (um dos vetores tecnológicos contemporâneos) incentivou, desde 1988, a prática de coleta do cordão autólogo (do próprio paciente) de recém-nascidos. Proliferam "ban-

---

[414] Comunicado conjunto OMS/FAO nº 32, em <www.who.int>. Acesso em 21-5-2004.

[415] Ibid.

[416] <www.who.int>. Acesso em 21-5-2004.

[417] "Summary of the discussion and recommendations of the SARS laboratory workshop. 22 October 2003" em <www.who.int>.

[418] Matéria do *Jornal do Brasil*, p. A7, de 23-1-2004.

cos" para a guarda desses materiais, inclusive como fonte de células-tronco que, provenientes dos cordões, podem ser utilizadas em doenças ligadas ao sangue: leucemias, anemias graves, erros inatos do metabolismo, imunodeficiências congênitas, linfomas, neuroblastomas e algumas doenças genéticas.[419]

Segundo Vanderson Rocha, coordenador do Eurocord (registro mundial público de bancos de células de cordão umbilical), a legislação européia é rigorosa[420] com os bancos privados (na França, sequer são permitidos). O Brasil saltou de um dos últimos lugares no transplante de órgãos no planeta para o segundo lugar em realização de transplantes,[421] com a legislação de 1997, que tornou presumida a doação de órgãos por pessoas falecidas (morte cerebral), excetuando disposição em contrário do indivíduo em sua documentação.[422]

O crescimento do autocuidado como responsabilidade jurídica do paciente também se evidencia na aproximação entre direito e ética médica.

Segundo Lisa Vincler, assistente da *attorney general* (chefe do Ministério Público norte-americano) do estado de Washington, os temas candentes cujo juízo legal está se configurando nos tribunais, além do acesso à assistência médica, são o consentimento informado (das intervenções no paciente), a confidencialidade da informação e suas exceções, o aborto e o suicídio assistido.[423] A consciência moral é uma precursora imediata de regras legais para a ordem social.

O mapeamento do genoma humano, concluído no ano de 2000, possibilita testes genéticos pessoais que, por sua vez, propiciam remédios e alimentos com nutrientes específicos em quantidade adequada que previnam doenças (ao invés de tentar curá-las).

O impacto sobre o corpo será ainda mais relevante com a previsão da qualidade dos ingredientes inoculados e seus efeitos, eventualmente, à escolha do paciente, o que torna ainda mais importante sua responsabilidade e o autocuidado. Segundo o Health Law Institute, os procedimentos jurídicos em saúde formam uma interseção de ciência, ética, economia e direito.[424]

---

419 Matéria do *Jornal do Brasil*, p. A6, de 16-2-2004.

420 Ibid.

421 Seção "Bioética e Direito" do Conselho Federal de Medicina, em <www.cfm.org.br>. Acesso em 21-5-2004.

422 Lei Federal nº 9.434/97 (art. 4º).

423 "Law and medical ethics", em <eduserv.hscer.washington.edu>. Em março/abril de 2005, a situação de Terri Schiavo, vivendo em estado vegetativo há 15 anos, galvanizou a opinião pública e o Judiciário, o qual decidiu pela eutanásia. O caso envolveu até o presidente da República, que apoiou a resistência às decisões judiciais (inclusive mediante nova legislação), em vão.

424 "What the Health Law Institute can do for you" em <www.law.ualberta.ca>.

Destaca-se a organização não-governamental NheLP (National Health Law Program), especializada no acesso à saúde,[425] mediante processos judiciais de trabalhadores pobres, desempregados, minorias, portadores de deficiências e associações, sistematizando uma reflexão coletiva para influenciar a jurisprudência norte-americana. Entre suas vitórias mais expressivas, incluem-se a fixação dos direitos básicos de saúde dos pacientes indigentes (1989), extensão do programa de assistência médica do estado da Califórnia à maternidade e saúde bucal (1990), adoção de serviços preventivos de saúde infantil no oeste da Virgínia (1995) e a incorporação dos adultos de Louisiana (Maine) ao atendimento dirigido aos lares e à comunidade (1998/1999).[426]

Durante a última década do século XX, a Suprema Corte norte-americana elaborou uma jurisprudência conservadora em matéria de saúde,[427] invalidando (como inconstitucionais) várias leis federais que ampliavam direitos à assistência médica diferenciada: o Age Discrimination in Employment Act, o Americans with Disabilities Act e o Violence Against Women Act. No caso "Alexander *versus* Sandoval", foi negada até a postulação por indivíduo de direitos listados no Civil Rights Act (título VI) de 1964, símbolo das lutas por direitos civis. A resposta foi o lançamento, pelo NheLP, de um projeto de monitoramento da Suprema Corte (Health Activist Court Watch Project) e de uma campanha de 18 organizações não-governamentais de âmbito nacional, a partir de junho de 2001, buscando reverter a tendência majoritária (por um voto) ao refluxo da cidadania.[428]

Em janeiro de 2004, no caso "Frew *versus* Hawkins", a Suprema Corte reorientou sua jurisprudência mediante decisão unânime que confirmou a possibilidade de efetivar, em nível estadual, um acordo judicial entre beneficiários e prestadores de assistência médica em âmbito federal, contrariando argumentação dos advogados dos estados e dos planos de saúde.[429] A efetivação do acordo (um "*consent decree*" de 1996)[430] se aplicou ao estado do Texas e retomou a 14ª emenda sobre igualdade de tratamento (*equal protection clause*), conforme pretendido pelo NheLP.

---

425 "About NHeLP" em healthlaw.org.

426 Id.

427 "NHeLP launches court watch project" em healthlaw.org.

428 "18 organizations express concern over rollback of civil rights by the Supreme Court" (28-6-2001). Em healthlaw.org.

429 Frew *versus* Hawkins, 540 US nº 02-628 (14-1-2004) em <www.supremecourtus.gov>.

430 Um *consent decree* é um acordo com força legal conferida por sua ratificação diante de um juiz norte-americano, geralmente como remédio para a infringência de direitos civis.

Enfim, a pesquisa apresentada por duas faculdades britânicas de medicina na revista *New Scientist* (junho de 2004), demonstrando subestimação do risco ocasionado pelo fumo passivo (pessoas que convivem com fumantes) – até então de 20% a 30% de desenvolvimento de doenças cardiovasculares –, reforça a eticização da convivência social, já presente na onda antitabagista de fins do século passado. A reestimação do risco para 50% a 60% (o dobro do que se imaginava) impulsionou a Associação Médica Britânica a apresentar 4.500 cartas de médicos ao primeiro-ministro Tony Blair (1º de julho de 2004) pedindo pela proibição de fumar em lugares públicos.[431]

Moralizando o direito

O direito moderno apresenta certas características essenciais:

- é axiologicamente neutro em suas normas, de modo que o ordenamento jurídico tem seus alicerces em regras cujo objeto são situações de fato previstas pelo legislador (e a neutralidade do juiz corresponde à sua aplicação pertinente), de modo que não se referem a valores, mas a fatos (positivados em leis);
- é cindido entre público (normas que regulam as relações entre indivíduo e Estado ou dos órgãos estatais entre si) e privado (normas que regulam as relações entre indivíduos e/ou grupos da sociedade), nacional (elaborado e aplicado no interior dos Estados-nação) e internacional (dos tratados celebrados pelos Estados-nação, enquanto eles os integrarem);
- os valores morais e sociais, através dos costumes e dos chamados "princípios gerais do direito", apenas importam quando eclodem fatos não previstos no ordenamento jurídico, de modo que não haja regras aplicáveis (nem por analogia) às novas situações.

O paradigma da vida como valor moral central legitima o emprego de critérios éticos em todos os campos da sociedade, inclusive no direito. Nesse sentido, das entranhas do direito moderno, vai emergindo um outro direito, um "direito ético", baseado na dignidade humana. Está em curso, desde fins do último século, uma revalorização sem precedentes dos "princípios gerais do direito" nos ordenamentos jurídicos do Ocidente.

A inserção dos princípios, ora por sua positivação legal, ora por seu reconhecimento jurisprudencial nos tribunais (apesar de não escritos nas leis), ora

---

[431] Matéria do *Jornal do Brasil*, p. A15, de 1-7-2004.

por sua implementação costumeira nas relações sociais, qualifica o direito contemporâneo, emergente do interior do ordenamento jurídico tradicional, como um "Direito principial".[432] Hoje, já não é mais tão comum definir o direito como um conjunto ordenado de leis ou regras; os juristas tendem a defini-lo como um sistema de *princípios e regras* articulados, ou seja, contendo normas relativas a situações, ao lado de outras alusivas a valores.[433]

Ademais, a reflexão jurídica contemporânea, embora continue a condicionar a existência dos princípios à concomitante presença das regras (leis), afirma a prevalência dos princípios como critérios de interpretação do ordenamento jurídico como um todo e, portanto, como decisivos na aplicação de suas regras à realidade social. Cresce, até mesmo, o número dos juristas que admitem a possibilidade de conflitos entre princípios e regras no interior do ordenamento jurídico, dando preferência aos primeiros, considerando-os fundamentos axiológicos (morais) do direito objetivo.[434]

Outro aspecto igualmente essencial da inflitração moral do direito, além do fortalecimento dos princípios, é a multiplicação dos chamados "conceitos jurídicos indeterminados" no ordenamento legal. Sua designação significa que são conceitos tão vagos que dependem inteiramente de sua interpretação, à medida que as situações às quais se aplicam ocorrem concretamente.

Assim, a "saúde pública", o "equilíbrio ambiental" e a "eficiência econômica" são conceitos jurídicos indeterminados porque sua respectiva proteção depende da verificação concreta, pelo intérprete da norma, de sua efetividade real. Isto é, o intérprete de um "conceito jurídico indeterminado" como norma jurídica, tem seu juízo diretamente determinado pela realidade social, única a demonstrar a agressão (ou a promoção) da saúde pública, da eficiência econômica e do equilíbrio ambiental.

Essa sujeição do intérprete à realidade social não se deve apenas à complexidade científica dos temas, envolvendo outras ciências que não a jurídica (o que, por si só, já importa em ruptura com o modelo de auto-suficiência tradicional dos operadores do direito). Na verdade, tal como os princípios, os "conceitos jurídicos indeterminados" **também são valores morais**, o que lhes confere (aliás, impõe) maior flexibilidade interpretativa que a imprimida às regras puras, que se aplicam a situações específicas.

---

432 Hesse, 1992.
433 ibid.
434 Ibid.

As diferenças entre princípios e conceitos jurídicos indeterminados são:

- os valores protegidos pelos princípios são considerados fundamentais às várias regras do ordenamento, irradiando-se sobre elas, enquanto os conceitos jurídicos indeterminados condicionam diretamente a aplicação das regras que os contêm;
- os princípios são valores universalizados, cuja abrangência de **todas** as situações permite ao intérprete formular aplicações diferenciadas, enquanto os conceitos jurídicos indeterminados, por dependerem somente da sua verificação social, são simplesmente aplicáveis ou inaplicáveis à realidade, como valores condicionais a ela.

A principialização do direito, pela inserção, ampliação e fortalecimento dos valores morais associados à vida como dignidade humana, é a maior expressão da moralização, em curso, do ordenamento jurídico.

Os princípios migraram dos preâmbulos das constituições, onde sempre residiram sem significado jurídico, para os textos constitucionais, irradiando-se daí para os demais ramos do direito. Na verdade, a chamada "constitucionalização do direito ordinário"[435] é apenas um dos aspectos da principialização do ordenamento jurídico, à medida que **todos** os atuais princípios civis, criminais, tributários, administrativos, penais, processuais etc. foram constitucionais em sua origem ou revalorizados como normas a partir de seu reconhecimento nas constituições.

Conseqüentemente, a mutação do direito moderno em direção a um "Direito ético" emergente decorre de sua implosão pelo crescimento dos princípios como normas jurídicas. Sua superioridade no ordenamento é produzida pela legislação, declarada pela jurisprüdência ou assumida pelo costume social.

A vida é o paradigma ético da principialização contemporânea do direito, presente na sofisticação da indenização por danos morais, na vinculação dos contratos à sua função social, no desenvolvimento de penas alternativas visando à ressocialização do criminoso, na progressividade da incidência tributária aliada à proibição de seu potencial confiscatório, na objetivação do risco social ocasionado pelas empresas privadas e pela administração pública, na valorização processual da ampla defesa do réu (independentemente de sua iniciativa ou aceitação).

A dignidade extrapola a liberdade nas controvérsias sociais contemporâneas como **exigências de reconhecimento social**: das condições de pais/avós nos litígi-

---

[435] Santos (1996).

os pelo acesso a filhos/netos; da essencialidade do vínculo entre mãe e filho na decisão abortiva; da assistência emocional dos pais aos filhos; do casamento público entre pessoas do mesmo sexo associado à criação de filhos; das relações (principalmente afetivas) contraídas no ciberespaço; do combate ao *bullying* entre crianças (e gerações); do favorecimento a hábitos pessoais saudáveis; do impacto das manipulações genéticas; das deficiências como traços distintivos de humanidade às quais correspondam oportunidades variadas;[436] da visibilidade dos riscos cotidianos do convívio em sociedade.

Todas essas demandas são de **dignidade** (e não de liberação) porque impõem à sociedade a aceitação (em vez da escolha pelo indivíduo) das diferenças pessoais, consideradas socialmente valiosas. A vida é a ética da interdependência social.

---

[436] Bastante representativa da fragilidade como símbolo universal de humanidade é a mudança do conceito de pessoas "portadoras de deficiências" para o de pessoas com "necessidades especiais". Supõe que todas as pessoas (mesmo sem "necessidades especiais") apresentam deficiência de algum tipo ou em algum campo da vida social, sendo **definidas** (como pessoas) por elas e, portanto, legitima a diferenciação de oportunidades socialmente devidas. Nesse sentido, durante o ano de 2004, a Suprema Corte norte-americana revisou sua jurisprudência sobre as obrigações dos Estados em matéria de direitos civis, pressionada pela projeção assumida pelo litígio entre o paraplégico George Lane e o Estado de Tennessee, diante de sua impossibilidade de acompanhar, pessoalmente, seu advogado em processo movido (1996) numa Corte local, sem edificação adequada (Tennessee *vs.* Lane 02-1667). Também a campanha da "Cidadania contra a Fome e a Miséria e pela Vida", que mobilizou a sociedade brasileira, a partir de iniciativa suprapartidária de Herbert de Souza (coordenador da organização não-governamental Ibase – Instituto Brasileiro de Análises Sociais e Econômicas), também expressa uma concepção de cidadania como modalidade não-paternalista de cuidado social. Ainda hoje, consiste em articulações entre instâncias públicas e privadas que apostam, além da provisão urgente de alimentos, na reinserção ocupacional e na geração alternativa de renda por segmentos sociais excluídos.

Capítulo 4

O direito como superego da sociedade

Mas oposição não é necessariamente inimizade; simplesmente, ela é mal empregada e tornada uma ocasião para a inimizade.
SIGMUND FREUD

As mudanças contemporâneas do fenômeno jurídico requerem uma compreensão de sua inserção na civilização humana que articule seus aspectos quantitativos (sua extensão a todos os campos da sociedade, inclusive à essência da política e da economia) aos seus aspectos qualitativos (aproximação de suas normas aos valores morais).

Ambos os aspectos são historicamente relevantes, pois apontam para um direito que abarca a sociedade inteira, deslocando as regulações política (de Estado) e econômica (de mercado), além de se aproximar e inserir na moral, transformando-se numa "moralidade armada". Nesse sentido, é proveitoso utilizar o conceito freudiano de "superego cultural".

A psicodinâmica do sujeito

Na teoria freudiana, o aparelho psíquico humano consiste em três instâncias constitutivas: id, ego e superego. São agências do psiquismo cujas interações entre si estabelecem a dinâmica pessoal de cada indivíduo.[437]

[437] Freud, 1974a:103-105.

Id é a sede das pulsões humanas, sendo o componente mais recôndito da personalidade. Seu núcleo básico – já que seu conteúdo são os instintos que propelem o indivíduo em busca de sua satisfação – é a única instância totalmente inconsciente do aparelho psíquico (não-evocável para o consciente pela mera vontade, mas apenas por técnicas específicas, como a hipnose ou procedimentos psicoterapêuticos) por apresentar as exigências brutas[438] inerentes ao corpo humano.

Do id promanam as tensões geradas a serem descarregadas sobre os objetos das pulsões, com a exclusiva finalidade satisfatória dos instintos básicos. A geração das tensões revela a essência pulsional inata de cada indivíduo.[439]

A configuração do id não é unívoca, pois os instintos que o compõem podem ser agrupados em dois tipos: o de eros, representando as pulsões de vida; e o de *thanatos*, representando a pulsão de morte.[440]

Eros designa o conjunto da essência libidinal (sexualidade em sentido amplo) que impulsiona a vida.[441] Sua referência à deidade grega do amor implica reconhecê-lo nas pulsões que agregam, reúnem e constroem a sociedade humana, impelindo a formação de casais, famílias, círculos afetivos, enfim, que associam os indivíduos. São as que levam o indivíduo para além de si, em unidades maiores que ele, satisfatórias das suas exigências convivenciais.

Thanatos designa as pulsões de morte do organismo humano, veiculando os instintos de agressividade e destruição.[442] Sua referência ao personagem mitológico grego que, no reino dos mortos, está condenado a empurrar, incessantemente, uma pedra acima de terreno inclinado, a qual sempre se precipita abaixo ao chegar em seu topo, implica reconhecê-lo nas pulsões cuja característica é a repetição (denotando a inação do organismo, paralisado em sua evolução). São os instintos que isolam o indivíduo, dissolvem suas associações, dirigindo-se para si (configuração masoquista) e/ou para outros (configuração sádica).

Porém, eros e *thanatos* não se distinguem de modo absoluto: ambos estão presentes no conteúdo instintivo do id, como aspectos diversos das mesmas pulsões, significando que toda exigência instintiva é vital e mortal. Mesmo ações geralmente associadas à vida, como os atos de comer e de copular, possuem ambos os aspectos, pois são agressões que produzem intimidade máxima com seus

---

[438] Freud, 1974a:105.
[439] Ibid.
[440] Ibid.
[441] Ibid., p. 105-106.
[442] Freud, 1974a:106-107, e 1974b:204-207.

objetos.[443] No id, portanto, eros e *thanatos* são irmãos siameses essencialmente inseparáveis.

O **superego** é uma diferenciação do id, que se forma pela introjeção das figuras paternas de autoridade, sendo o componente da personalidade representativo, via internalização dos pais, da própria sociedade na qual se insere o indivíduo.[444] Sua constituição se apresenta, principalmente, em três momentos de sua relação com o id.

No primeiro momento, as exigências do id se defrontam com a vontade externa dos pais (especialmente do **pai**) que interdita sua satisfação plena e imediata. Ainda durante a primeira infância, o misto de amor e ódio pelos genitores (responsáveis, simultaneamente, pelo atendimento das necessidades da criança e pelo seu disciplinamento) se cristaliza no **complexo de Édipo.**[445] Este termo designa a situação em que a criança ama a mãe (da qual não quer se afastar) e odeia o pai (o qual quer afastar), a quem também teme e admira por sua superioridade.

No segundo momento, a contrariedade da criança cede à sua identificação com o pai, ao constatar sua derrota na situação edipiana. A autoridade paterna agora é (também e cada vez mais) interna ao indivíduo, que eterniza o medo e a admiração através de uma nova instância formada em sua personalidade, desgarrando-se do id para a incorporação permanente dos progenitores no psiquismo.

Forma-se, assim, um superego configurado com impulsos internos corregedores da conduta pessoal, baseado nas experiências iniciais de amor/ódio pelos pais. Doravante, uma parte do id se volta contra si, especializando-se e consolidando a autoridade paterna externa para dissuadir as exigências instintivas que não forem socialmente apropriadas.[446] Por se configurar pela derrota na situação edipiana, terminando-a com a renúncia à mãe e identificação com o pai, o **superego** interno é o herdeiro do "complexo de Édipo".

No terceiro momento, as exigências instintivas do id, que são interditadas pelo superego, se adaptam às suas proibições para buscar satisfação. As pulsões reprovadas deslocam seu objeto e/ou finalidade para, através de sua aprovação pelo superego e, conseqüentemente, pela sociedade, serem satisfeitas. Tal processo é a sublimação das pulsões, anteriormente reprimidas pelo superego, e cuja

---

443 Freud, 1974b:106.
444 Ibid., p. 149.
445 Ibid., p. 45, 49.
446 Ibid., p. 50-51. O desenvolvimento do complexo na menina, onde não há temor da castração, deslizando do anseio pelo pênis ao desejo de gerar um bebê do pai, está no capítulo "A dissolução do complexo de Édipo", na mesma obra, p. 222-224.

reorientação, em sentido socialmente positivo, permite o extravasamento instintivo do id.[447]

Os instintos sublimados proporcionam uma fonte adicional de satisfação, pois são gratificados pelo superego, ao corresponderem aos seus valores. Pela sublimação, o id obtém a gratificação do superego, como os filhos a buscam nos pais (narcisismo secundário).[448]

O superego apresenta uma natureza bifronte, advinda da ambivalência emocional da relação com o(s) pai(s), marcada pelo medo associado à admiração, pelo ódio associado ao amor. Portanto, é uma instância da personalidade que tanto impede algumas condutas, quanto impele a outras. Desse segundo aspecto provém sua designação como um **ideal de ego**, portador de valores referenciais para a construção da auto-imagem do indivíduo.[449]

O quadro 3 ilustra a trajetória de formação e operacionalidade dessa agência psíquica.

Quadro 3

Teoria freudiana do superego	**Antes do superego**	**Após o superego**	**Após a sublimação do id**
Obstáculo às exigências do id	Autoridade paterna exterior (ameaça de castração)	Agente interno corregedor (superego)	O ideal de ego (valoração social)
Reação no id	Ambivalência emocional (medo e admiração)	Sentimento de culpa (inconsciente)	Gratificação (narcisismo secundário)

O ego é outra instância psíquica, advinda de diferenciação do id e em virtude de seus conflitos com o superego. É a agência do psiquismo encarregada de ajustar as exigências instintivas do id e as exigências conscienciosas do superego.[450] Também é o componente da personalidade que se vincula diretamente à realidade externa,[451] **controlando** a fluidez das pulsões quanto ao seu momento e direção.

[447] Freud, 1974b:51, 54.

[448] O termo diferencia a gratificação obtida com a sublimação da ensejada pelo **narcisismo primário**, que advém diretamente da libido anterior à sua mobilidade para objetos externos (Freud, 1974a:107).

[449] Cinco lições de psicanálise (Freud, 1974a:43).

[450] Freud, 1974b:71, 74.

[451] Ibid., p. 72.

Cabe ao ego, assim, ajustar todas as exigências com as quais o indivíduo se defronta (que se defrontam entre si), provenientes dos instintos inerentes ao id, dos valores morais do superego e das condições concretas da realidade.[452] É a instância psíquica que as sintetiza, unificando-as em condutas praticadas como suas resultantes, à medida que o ego está em contato com todas as fontes de exigências (id, superego e **realidade externa**) ao sujeito.

Sua designação ego revela a posição central e de equacionamento da psicodinâmica, além de sua sujeição ao superego como agência interna que o pune ou o gratifica, permanentemente. É, assim, a instância do psiquismo essencial à homeostase de seus componentes.[453]

Civilização e pulsões humanas

Em um de seus últimos textos,[454] Freud formulou a hipótese de um "superego cultural" para a sociedade, tal como ele operava, através da internalização paterna, como um superego pessoal para cada indivíduo. Ainda que não se tratasse de um processo idêntico ao da trajetória pessoal, a noção de "superego cultural" seria pertinente por duas razões:

- o conceito de superego (individual) exprimia a inserção do indivíduo na sociedade, à medida que na formação e operacionalidade do superego reside o contato (e o conflito) entre as pulsões instintivas e as convenções (normas) sociais;[455]
- a civilização, como característica da espécie humana, se baseia na repressão instintiva e na sublimação das pulsões, direcionando-as para resultados socialmente positivos. Civilidade é uma ordem pulsional que reprime e sublima os instintos da espécie, propiciando a subsistência da humanidade.[456]

Porém, a existência civilizada não consiste apenas em instintos reprimidos e sublimados, respectivamente, pelo recalque ou deslocamento de seus objetos e

---

[452] Freud, 1974a:144-145.

[453] Ibid.

[454] O mal-estar na civilização (Freud, 1974b).

[455] "Pode-se afirmar que também a comunidade desenvolve um superego sob cuja influência se produz a evolução cultural. Constituiria tarefa tentadora para todo aquele que tenha um conhecimento das civilizações humanas acompanhar pormenorizadamente essa analogia (...). O superego de uma época de civilização tem origem semelhante à do superego de um indivíduo" (ibid., p. 166).

[456] "O desenvolvimento de uma civilização nos aparece como um processo peculiar que a humanidade experimenta (...) Podemos caracterizar esse processo referindo-o às modificações que ele ocasiona nas habituais disposições instintivas dos seres humanos, para satisfazer o que, em suma, constitui a tarefa econômica de nossas vidas" (ibid., p. 117).

finalidades de satisfação. O processo civilizatório também propicia a expansão ininterrupta das pulsões, ao estimulá-las pelo aumento dos objetos à sua disposição. Afinal, pulsões se ativam em função das possibilidades satisfatórias com as quais se deparam.[457] Os objetos dos desejos são fundamentais ao próprio desejo, já que a libido é anseio dirigido aos objetos externos, ora fixando-se em alguns, ora deslocando-se entre eles.

Conseqüentemente, a civilização resultaria de uma dialética entre duas dimensões que a constituiriam.

Por um lado, as suas conquistas para a proteção da espécie importariam na ampliação das pulsões humanas pelo incremento dos meios de sua satisfação. Por outro lado, o crescimento das pulsões exigiria o refinamento dos meios de controle dos impulsos instintivos. Portanto, o processo civilizatório seria o encontro[458] entre as tendências à multiplicação das pulsões e à sofisticação de sua disciplina, como ilustra a figura.

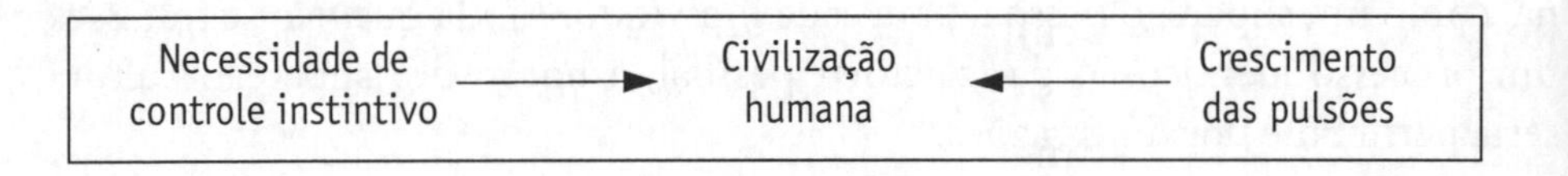

A sublimação das pulsões humanas, direcionadas em proveito da sociabilidade, também tem uma história. As ciências sociais apontam, nesse sentido, diversas subjetividades correspondentes às sociedades antigas e modernas.

Nas sociedades antigas (pré-modernas), qualificadas pela tradição como uma gama de convenções que se estendiam ao conjunto da vida social, a imagem pública de seus membros era o parâmetro da convivência. Assim, a **honra** implicava a orientação da conduta na busca da glória, entendida como a sintonia com a imagem pública conferida, pela tradição, a cada membro da sociedade.[459]

A **honra**, como critério de conduta, não valorava a intenção do sujeito, mas o papel por ele desempenhado na ordem social à qual pertencia, já que a sociedade era estratificada em segmentos absolutamente apartados. A teatralidade da vida

---

[457] "Não devemos inferir que o processo técnico não tenha valor para a economia de nossa felicidade (...) não existe, então, nenhum ganho no prazer, nenhum aumento inequívoco no meu sentimento de felicidade, se posso, tantas vezes quantas me agrade, escutar a voz do meu filho que está morando a milhares de quilômetros de distância" (Freud, 1974b:107).

[458] "a palavra "civilização" descreve a soma integral das **realidades e regulamentos** que distinguem nossas vidas das de nossos antepassados animais e que servem a dois intuitos, a saber: o de proteger os homens contra a natureza e o de ajustar os seus relacionamentos mútuos" (ibid, p. 109, destaques do autor).

[459] Ribeiro, 1993:24-25.

social, compelindo homens e mulheres à adoção dos modelos tradicionais atribuídos pelas convenções, marcou toda a experiência da Antigüidade, alcançando o seu ápice cultural no Antigo Regime francês, com o estabelecimento de uma **etiqueta** detalhada para a convivência (inclusive por rituais para duelos).[460]

A honra implicava um sujeito (bem ou mal) **afortunado**, cujo destino estava traçado (fortuna) desde o nascimento, de modo que sua posição social determinava sua função social, nas sociedades (tradicionais) estratificadas em ordens parciais. Com o advento da modernidade e a conseqüente valorização da intimidade como marca do indivíduo, a honra foi relegada como orientação da conduta humana, sendo dominante apenas nas profissões de relação imediata com um público-alvo, como na indústria cultural ("fama").[461]

Nas sociedades modernas, qualificadas pela individualidade como dimensão intrínseca ao sujeito humano, o cálculo racional de perdas e ganhos se tornou o critério dominante de orientação da conduta. Assim, o **interesse** implica uma conduta orientada para a incessante maximização da posição social de um indivíduo racional (porque calculador).[462]

Se os personagens da sociedade antiga viviam voltados para o passado fornecido pela tradição, os indivíduos modernos vivem em função do futuro prefigurado, ininterruptamente, pela razão.[463] Sua racionalidade é um instrumento essencial para uma conduta orientada à programação das mudanças previstas. O sujeito humano é o **artífice** de seu destino, decidido pelo seu cálculo racional.

A maximização do interesse como orientação de conduta se generaliza na modernidade, de modo que é a função social assumida pelo sujeito que determinará sua posição social. Sua principal qualidade é a racionalidade, que ajusta meios e fins em relações favoráveis ao interesse do indivíduo.

As interpretações do vínculo inerente entre razão e interesse dividem os modernos: os liberais tomam a razão como o meio da realização do interesse; os socialistas enfatizam a prevalência da razão sobre o interesse. No entanto, todos (à exceção dos fascistas que advogavam a liberação do interesse de qualquer dimensão racional) constatam que a orientação da conduta humana pelo interesse a tornou mais permeável à razão que o antigo ideal de glória, à medida que apenas o indivíduo diligente prioriza suas preferências como uma aptidão necessária para realizá-las.

---

[460] Ribeiro, 1993:22, 24.
[461] ibid., p. 8, 11.
[462] Hirschman, 1979:36-37.
[463] Ibid., p. 19, 21.

Alguns autores apontam, ainda, um processo embrionário (mas em curso) de mutação na orientação do sujeito humano, o qual estaria passando por uma sensibilização[464] que o impeliria além do interesse, tal como ele superara, durante a modernidade, a honra apresentada pelas sociedades tradicionais. Segundo esse ponto de vista, a contemporaneidade seria um contexto social, a partir da relevância ecológica, propício à emergência de uma subjetividade voltada à percepção da qualidade de vida[465] e à valorização da partilha de experiências solidárias como fins em si mesmas.

O aspecto mais visível desse processo seria a profusão contemporânea dos (mal?) chamados interesses difusos, nos quais toda a sociedade, efetiva ou potencialmente, é envolvida. Os ecossistemas (incluindo o clima), as condições sanitárias (incluindo as epidemias), as redes telemáticas (incluindo a internet), os conglomerados urbanos (incluindo as megalópoles), as novas fontes energéticas (incluindo as de potencialização nuclear), as engenharias genéticas (incluindo a natureza humana) da atualidade aprofundam a interdependência social a um nível historicamente sem paralelo.

Desse modo, os temas emergentes do equilíbrio ambiental, da disseminação de HIV e Sars, da comunicação social instantânea, do ordenamento das cidades, do uso energético e da biodiversidade envolvem todos os segmentos da sociedade, não se limitando a grupos determinados. Os interesses difusos são demandas sociais pela qualidade de vida, em geral.

Evolução jurídica e superego cultural

Supondo a civilização humana como uma **ordem pulsional global**, cujas convenções disciplinam os instintos a serem reprimidos e, principalmente, sublimados em sentido proveitoso à sociabilidade, podemos relacionar o destino das pulsões nos diversos tempos históricos à evolução do direito, como componente central do "superego cultural".

Assim, as sociedades tradicionais que favorecem a honra como pulsão sublimada apresentam um direito divino, retributivo e indiferençado. Tal como nos primeiros contatos entre as exigências do id e os pais da criança, o fenômeno jurídico se configura como uma autoridade externa, superior e abrangente

---

[464] Maffesoli, 1998:19, 22.
[465] Ibid., p. 190-191.

de toda a sociedade, à semelhança da onipresença paterna sobre os desejos infantis.

A divindade do direito antigo revela-se na exterioridade à própria sociedade, que o percebe como expressão de uma autoridade alheia e superior a ela.[466] Também se baseia na retribuição como vingança organizada e coletiva sobre os membros que infringem as normas, revelando-se na clara preferência pela aplicação da **pena** (privação de um bem pela autoridade) como sanção jurídica típica aos infratores.[467] É ainda indiferençado porque o fenômeno jurídico se apresentava em todas as normas sociais, inclusive religiosas e morais.

No âmbito das sociedades modernas, que favoreceram o interesse como pulsão sublimada, o direito apresenta uma configuração técnica, compensatória e autônoma. Tal como no contato entre o id e o recém-formado superego (após a internalização da autoridade paterna) como instância regular (consciência) de vigilância, o fenômeno jurídico supõe autoridades internas (juízes) a relações processuais determinadas (litígios específicos entre autor e réu).

A compensação (reparação do dano infligido) é a sanção preferida para os infratores, inclusive no campo criminal (onde a pena passa a ser um meio de o condenado ressarcir sua dívida com a sociedade). Também é um direito autônomo, na medida em que a esfera jurídica se distingue, na modernidade, das demais esferas sociais (políticas, econômicas e morais), havendo, ainda, clara delimitação entre direito objetivo (o conjunto das normas jurídicas) e direitos subjetivos (faculdades conferidas pelas normas jurídicas).

Na contemporaneidade, a sublimação das pulsões instintivas em "interesses difusos" de sensibilidade social também vem sendo acompanhada da gestação de um direito diverso da experiência jurídica moderna. Tal como na gratificação do id (e do ego) pelo superego (como ideal de ego) após a sua sublimação, emerge um direito ético, promocional e fluido (não-codificado).

Seu caráter ético se revela na inserção de valores morais universais como ingredientes das normas jurídicas, através do crescimento, na legislação e na jurisprudência, dos chamados "princípios gerais de direito"[468] em todos os seus ramos (público/privado, civil/criminal etc.).

---

[466] Como no código de Hamurábi, no Pentateuco bíblico e no Alcorão islâmico.

[467] Exemplar é a Lei *Poetellia Papiria* (direito romano), que cassava a liberdade por dívidas.

[468] Princípios gerais de direito são as normas jurídicas que otimizam valores sociais (morais), ao invés de delimitarem as situações às quais se aplicam (o que ocorre com as **regras** jurídicas tradicionais). Geralmente consideradas subsidiárias do ordenamento jurídico (aplicáveis somente na ausência de regras escritas), passam por intensa valorização, desde fins do século passado, reconhecidos **como normas jurídicas** implícitas ao direito e essenciais à sua função social reguladora (Alexy, 1998).

Seu caráter promocional[469] se revela na preferência pela aplicação de medidas de promoção a todos os envolvidos em situações litigiosas, tanto às vítimas quanto aos agressores. Trata-se da **geração de novas oportunidades aos litigantes**, para a superação do litígio presente e a prevenção de litígios futuros. As penas (principalmente as "alternativas") visam à ressocialização do condenado e as indenizações adquirem conotação moral além do seu valor monetário.

Seu caráter também se revela na fluidez interna e externa do fenômeno jurídico contemporâneo. É um direito que tende a operar sem a distinção entre público e privado ou civil e criminal.[470]

Além de extrapolar seus ramos internos, o direito contemporâneo emergente avança, cada vez mais, sobre as esferas política, econômica e moral da sociedade. Também favorece a **objetivação** dos direitos, de modo que seu exercício passa a ser percebido como **essencial para a sociedade** em geral, o que resulta na sua indisponibilidade (proibição de renúncia) pelos seus titulares. Tal processo ainda é reforçado pela conversão de alguns direitos (vinculados à noção de "dignidade humana" das declarações universais) em princípios jurídicos (valores morais) fundamentais.[471]

Ora, se a configuração do superego é diretamente proporcional ao sentido assumido pelas pulsões, a transposição dessa assertiva para o nível da civilização permite associar a sublimação dos instintos nas sociedades tradicionais, modernas e contemporâneas à sua evolução jurídica. Portanto, o direito das sociedades tradicionais correspondia, como **superego cultural**, à honra como padrão dominante de sublimação das pulsões.

A aplicação de suas normas independia das intenções dos sujeitos, dado que seu caráter implicava externalidade absoluta em relação a eles. A penalização, como sanção jurídica, alcançava mesmo o que hoje consideramos esfera civil, porque seu caráter retributivo implicava brutalidade necessária à contenção das paixões inconseqüentes (do ponto de vista do sujeito?) advindas da recorrente busca pela glória pessoal.

---

469 A expressão é de Bobbio (1992b).

470 A ruptura contemporânea das dicotomias jurídicas é enfatizada pelos vários autores coligidos em Sarlet (2000).

471 Há objetivação do direito quando ele deixa de ser apenas uma faculdade subjetiva proveniente da norma, passando à condição de princípio geral de direito ou ingrediente essencial de uma instituição da ordem jurídica. Conseqüentemente, é direito disponível aquele cujo bem pode ser renunciado (como os patrimoniais numa renúncia à herança) e indisponível aquele cujo bem não pode ser renunciado (como a vida na maioria dos sistemas jurídicos). Ver, ainda, Andrade (1987).

A extensão ao conjunto da vida social decorria do fato de o fenômeno jurídico ser o nexo entre a autoridade divina (cuja vontade se plasmava em seus preceitos) e a sociedade humana. A forte densidade do ordenamento jurídico era tão apropriada à honra como a ameaça de castração pelo pai é impeditiva das pretensões edipianas.

De modo análogo, o direito moderno corresponde, como superego cultural, ao interesse como padrão dominante de sublimação das pulsões.

A aplicação de suas normas depende da interação entre elas e os sujeitos, através do processo judicial, tão apropriado quanto a expiação interna acionada pelo **superego pessoal** que deflagra o sentimento de culpa apenas nos momentos de avanço instintivo pelo id, e só neles (em vez da vigilância totalitária do direito tradicional e do pai castrador).

A indenização, como sanção jurídica, alcança mesmo a chamada esfera criminal, porque a compensação deve ser proporcional ao dano, como o superego interno é pontual em suas censuras ao id (e ao ego). A autonomia do ordenamento jurídico moderno, em face das demais esferas sociais,[472] é tão demarcada quanto a do superego que se diferenciou do id enquanto agência psíquica.

Igualmente, o direito contemporâneo emergente corresponderia, como **superego cultural** embrionário, à sensibilidade como padrão concorrente de sublimação das pulsões (interesses difusos da sociedade). A aplicação de suas normas privilegia os princípios gerais de direito, por eles serem os preceitos jurídicos recheados de valores tão universais quanto a pretensão moral do superego **como ideal de ego**.

A promoção de todos os envolvidos em litígios, gerando novas oportunidades (a vítimas e agressores), torna seus direitos indisponíveis (irrenunciáveis), de modo a gratificar seus titulares, assim como o "ideal de ego" do superego gratifica o id sublimado (e o ego cujas decisões correspondam à sua carga moral).

Sua fluidez[473] perpassa todos os campos da vida social (ao contrário do direito moderno) sem anulá-los (ao contrário do direito pré-moderno). É um ordenamento jurídico ético, promocional e fluido como as gratificações propiciadas pelo superego à sublimação do id e ao alinhamento do ego. O quadro 4 ilustra o argumento.

---

[472] Kelsen (1986).

[473] No Brasil, o direito contemporâneo se faz presente no Estatuto da Criança e do Adolescente (1990), no Estatuto das Cidades (2001), no Estatuto do Torcedor (2002), no Estatuto do Idoso (2004). São regulações não-codificadas que se espraiam sobre os campos civil e criminal, público e privado, abrangendo política, economia e afetividade.

Quadro 4

Tempo histórico	Superego cultural	Sublimação das pulsões	Conteúdo jurídico	Sanção jurídica	Âmbito jurídico	Estrutura jurídica
Antigüidade	Castrador	Honra	Divino (externo à sociedade)	Retribuição (privação de um bem)	Totalizante da sociedade como nexo entre ela e a sociedade	Totalitária
Modernidade	Dissuasor	Interesse	Técnico (neutro quanto a valores)	Reparação (indenização do dano)	Autônomo e distinto das outras esferas sociais	Direito objetivo x direitos subjetivos
Contemporaneidade	Interpelador	Sensibilidade	Ético (valores sociais)	Promoção (geração de oportunidades)	Fluido entre todas as esferas sociais	Direitos objetivos

A sociedade de direitos

Após essas reflexões, aceitando as semelhanças entre o superego pessoal e o "superego cultural", pode-se oferecer algumas respostas às duas indagações iniciais sobre o fenômeno jurídico contemporâneo.

- Por que o direito emergente avança sobre os campos político (do Estado) e econômico (do mercado)?
- Por que o direito emergente se aproxima da moral, fundindo-se (contrariando a experiência moderna que apartou moral e direito) com ela e se apresentando como uma "moralidade jurídica"?

Quanto à primeira questão, creio que a dialética da civilização, cujas conquistas propiciam tanto o crescimento das pulsões quanto sua contenção e direção, revela que o "superego cultural" (portanto, também o direito) é adequado às exigências instintivas.

Ora, como o processo civilizatório continua ampliando, historicamente, o objeto das pulsões humanas (atualmente configurando-as até como interesses difusos da sociedade), a contemporaneidade é um tempo em que as exigências éticas se generalizam e o direito adquire abrangência envolvente do conjunto das relações sociais, tendendo a converter todas elas em relações jurídicas.

Quanto à segunda questão, creio que a moralização do ordenamento jurídico no sentido de um "Direito ético", marcado por valores morais universais, exprime a relação entre o superego e as configurações pulsionais de eros e de *thanatos*.

O superego se constitui pela identificação com a figura paterna de autoridade. Nesse processo, porém, o instinto destrutivo (*thanatos*) é desviado do pai e orientado de volta ao próprio sujeito (edipiano). Com a formação do superego, o ódio que a criança nutria pela autoridade paterna e castradora retorna sobre ela, passando a ser brandida pelo superego como sentimento de culpa inconsciente. Assim, a parte do id que se diferencia para formar o superego é devida a *thanatos*.

Eros só se faz presente, na operacionalidade do superego, na necessidade de o id obter seu amor (aprovação), o que só ocorre com a sublimação. Portanto, o superego, como id diferenciado, é **mais** *thanatos* que eros, já que advém da projeção de parcela do instinto destrutivo, anteriormente voltada para fora, que se volta para dentro (consciência punitiva). Nesse sentido, diferente do ato sexual e de alimentação, em que *thanatos* está por trás (ligado, mas posterior), na constituição do superego, é eros que está por trás (ligado, mas posterior) de *thanatos*.

Assim, embora não haja eros sem *thanatos* (nem o contrário), em qualquer exigência instintiva, é possível delimitar qual das pulsões é anterior à outra, de modo que uma seja o outro lado, a conseqüência da outra.

A *thanatos* se deve à formação do superego pela introjeção (ódio a si) da aversão lançada ao pai, após a derrota da criança e o fim do complexo de édipo. Eros é posterior à sublimação do id, ao ser gratificado pelo superego (ideal de ego).

Há duas maneiras de lidar com *thanatos*.

A primeira consiste em descarregar sua tensão sobre um objeto externo apropriado, de modo que sua impossibilidade leva ao retorno sobre o próprio sujeito (como ocorre com o ódio edipiano), de modo que a **exteriorização** do instinto de morte, canalizando-o para fora do sujeito, é um procedimento natural e universalmente praticado já que o inverso ameaça sua própria conservação.

A segunda é a potencialização de eros, cujas pulsões vitais e libidinosas podem transmutar as tendências destrutivas, dado que o vínculo entre amor e ódio é outra constante universal comprovada na experiência clínica (e não só) da psicanálise (e de outras psicoterapias).

Thanatos pode ser, portanto, exteriorizado ou transmutado em eros. Assim, mantendo a analogia entre a trajetória do superego pessoal e a evolução jurídica da civilização, podemos constatar que o direito tem sido um fenômeno social que cristaliza os instintos destrutivos, externalizando-os a fim de mitigar seu impacto nos diversos tempos históricos.[474]

---

[474] "Seria injusto censurar a civilização por tentar eliminar da atividade humana a luta e a competição. Elas são indubitavelmente indispensáveis. Mas oposição não é necessariamente inimizade; simplesmente, ela é mal empregada e tornada uma **ocasião** para a inimizade" (Freud, 1974b:134) (destaque do autor).

O direito é uma disciplina para *thanatos*, que é enfraquecido, contido e direcionado pelos rituais jurídicos, seja na organização da vingança coletiva pelo direito retributivo das sociedades antigas, na conversão de duelos em litígios entre autor e réu pelo direito técnico (processual) das sociedades modernas ou na imposição da reinserção social pelo direito promocional emergente das sociedades contemporâneas.

A contribuição específica do direito ético que está se desenvolvendo, tal como a gratificação do id sublimado (e do ego sintonizado ao ideal moral internalizado) pelo superego, é a de transformar o ordenamento jurídico num espaço para eros. Ao proclamar a objetivação dos direitos que de disponíveis passam a ser indisponíveis, de assuntos privados (ou grupais) a temas da sociedade inteira, a cidadania adquire um sentido moral que extrapola sua importância instrumental.

O exercício de direitos se torna um rito essencial da sociabilidade, como uma reiteração das reuniões, ligações e relações (portanto, de **eros**) fundamentais que a constituem.[475] **A sociedade** vai se assentando sobre o exercício de direitos, como as ocasiões em que ela celebra a si mesma.

Por isso, o processo em curso de moralização do ordenamento jurídico através da infiltração de valores universais (não-discriminatórios), e que se efetiva pela prevalência dos chamados "princípios gerais de direito" sobre as outras normas jurídicas, sinaliza para uma sociedade **de** direitos.

A conseqüência imediata desse processo, a merecer análise mais detalhada, é a lenta, mas efetiva, atribuição de caráter terapêutico aos procedimentos jurídicos. A atual mobilização do Judiciário em prol de uma "justiça terapêutica" para questões civis e criminais (geralmente nas chamadas "pequenas causas", de menor complexidade e potencial ofensivo) expressa, nesse sentido, seu progressivo deslocamento à posição de terapeuta (institucional) da sociedade.

Obviamente, a dificuldade de sua implementação reside tanto na instituição judicial (cuja cultura jurídica terá de se adequar aos temas difusos) quanto na identificação e tratamento de psicopatologias coletivas[476] (como qualquer resistência neurótica). Porém, é um processo em curso, a ser, portanto, observado para o futuro.

---

[475] Exemplar é a inovação jurídica recente dos conselhos tutelares brasileiros, os quais se compõem de eleitos (sufrágio universal) para o cuidado de crianças e adolescentes, prioritariamente em situações de exclusão social.

[476] "Eu não diria que uma tentativa desse tipo, de transportar a psicanálise para a comunidade cultural, seja absurda ou que esteja fadada a ser infrutífera (...). E quanto à aplicação terapêutica de nosso conhecimento, qual seria a utilidade da mais correta análise das neuroses sociais, se não se possui autoridade para impor essa terapia ao grupo? (Freud, 1974b:169). Psicoterapias pós-freudianas desenvolvem, através da noção de **grupos operativos**, técnicas de aplicação coletiva (com ampla experiência em âmbito familiar) para a consolidação de uma psicologia social" (Pichon-Rivière, 2000).

Conclusão

O desafio contemporâneo da Justiça

(...) não há imparcialidade entre o direito
e a injustiça.
Rui Barbosa

Uma cidadania a deflagrar

A modernidade é uma tensão reiterada entre Estado e mercado, na qual o direito é o principal recurso no embate que ambos travam. Assim, os direitos civis[477] (cujo efeito é a exteriorização da personalidade de seus titulares) de expressão do pensamento, de crença religiosa, de escolha do ofício profissional, de locomoção física e, mesmo, de associação e reunião, expressam o avanço do mercado como regulação social. Afinal, a propriedade privada como liberdade negativa (dependente da proteção contra ingerências externas) foi o paradigma da privacidade inerente às transações mercantis, espontâneas e contingentes.

Do mesmo modo, as reações do Estado (especialmente como "Estado de bem-estar social") se expressaram nos direitos sociais[478] (cujo efeito é a integração do seu titular à sociedade) ao trabalho (como ocupação **em geral**), à educação (como instrução **em geral**), à saúde (como assistência médica **em geral**), à moradia (como habitação **em geral**). A política como regulação social se exprimia na implementação dos programas governamentais definidos de modo autocrático ou democrático, sempre em instâncias públicas exteriores aos seus beneficiários.

---

477 Marshall (1967).
478 Ibid.

Os direitos políticos[479] (de participação nas decisões de impacto social), por sua vez, expressaram, ora o avanço do mercado sobre o Estado, ora o contrário. Os primeiros direitos políticos (como o sigilo do voto e seu exercício censitário mediante renda, como marcos de independência do eleitor) exprimiam o crescimento do mercado e da espontaneidade como paradigma de relações sociais. Os direitos políticos que configuraram as posteriores democracias de massas, com as formações partidárias e a universalização do voto, reforçaram o Estado e seu dirigismo como paradigma de relações sociais.

A ascensão dos interesses difusos, a tal ponto espraiados pela sociedade, que não se localizam em regiões geográficas, agrupamentos segmentados ou relações sociais específicas, tem impacto decisivo na evolução da cidadania moderna.

A contemporaneidade revela a geração de direitos que, ao contrário dos apresentados pela modernidade, **colidem** com o Estado e o mercado, opondo-se abertamente às suas dinâmicas históricas. A cidadania contemporânea é subversiva dessas instituições da modernidade, apontando para a necessária constituição de outras – processo já em curso.

Os novos direitos civis se opõem ao mercado, à medida que sua natureza é, de um lado, a vinculação da concorrência a critérios de cooperação social e, de outro lado, a emancipação do consumo como esfera social, cuja inserção no mercado se busca definir por critérios próprios e não-mercantis. É o que se observa, como exemplos, nas iniciativas provenientes de entidades civis ou órgãos públicos independentes dos governos, que procuram imprimir ao mercado lógicas jurídicas alheias ao seu funcionamento normal.[480]

A notoriedade de Eliot Spitzer como "xerife" do mercado financeiro decorre de sua atuação como *attorney general* (chefe do Ministério Público) do estado de Nova York, quando levou 10 megaempresas de Wall Street a um acordo de US$ 1,4 bilhão e os fundos mútuos de US$ 2,4 bilhões, em ressarcimentos aos pequenos investidores.

Em setembro de 2003, Spitzer descobrira que os grandes investidores tinham o privilégio de fazer negócios após o fechamento da bolsa, o que era impossível aos demais. Wall Street não é mais a mesma desde que ele apurou, a partir de 2002, que os analistas do mercado financeiro não eram isentos ao classificarem as empresas e recomendarem a compra de ações.

---

479 Marshall (1967).

480 Matéria do jornal *O Globo*, p. 37, de 11-7-2004.

Sua investigação revelou que a corretora Merril Lynch usava suas análises para atrair negócios, o mesmo ocorrendo com outras megaempresas, inclusive o Citybank. No campo das relações de consumo, forçou a Glaxo (megaempresa farmacêutica) a divulgar na internet as pesquisas sobre os perigos do uso de um de seus produtos (antidepressivo para adolescentes), fez a AT&T devolver US$ 400 milhões cobrados a mais dos clientes e impôs a redução de emissões de poluentes por duas fábricas do Middlewest.[481] Spitzer, neste sentido, é uma reprodução ampliada de Rudolph Giuliani (ex-prefeito da cidade de Nova York), também notório pelo combate à máfia.

A priorização da criminalidade econômica (mercantil) permeia o Ministério Público norte-americano. Sua relevância se expressa no destaque que lhe é conferido nos relatórios anuais da instituição em nível federal: assim, ao lado dos direitos de portadores de necessidades especiais (indicando uma evolução institucional assemelhada à trajetória do *parquet* brasileiro como *ombudsman*) a *attorney general* (federal) Janet Reno (1994) apontou o reforço da legislação antitruste, associando-o às iniciativas de reforma na justiça civil.[482] Em 2004, tal criminalidade continuava destacada pelo relatório anual do *attorney* John Ashcroft, integrando o **segundo objetivo estratégico** da instituição (superado apenas pelo combate ao terrorismo).[483] A importância do assunto também é reconhecida pelo Ministério Público britânico: em 2002, o *attorney general* Lord Goldsmith revelou que as fraudes financeiras atingiam a economia inglesa em 1 bilhão de libras esterlinas em 1985, passando a 4 bilhões em 1994.[484]

Em julho de 2004, os contratos de seguros e planos de saúde brasileiros estavam sob o crivo jurídico de uma organização não-governamental (Idec) e duas instituições estatais independentes do governo (a ANS e o Ministério Público).

Com a perspectiva de suposto reequilíbrio econômico dos contratos, mediante aumentos expressivos das mensalidades, a agência pública (independente) reguladora da assistência médica (mercantil) no Brasil, a Agência Nacional de Saúde Suplementar (ANS) ameaçou as empresas por eventuais reajustes abusivos. Dulce Pontes, a advogada do Instituto de Defesa do Consumidor (Idec) anun-

---

481 Matéria do jornal *O Globo*, p. 37, de 11-7-2004.

482 Relatório anual do *attorney general* (1994), disponível no site do Departamento de Justiça norte-americano (www.usdoj.gov/ag/annualreports/ar94/finalag.txt).

483 Ibid. *Performance and accountability report for the Department of Justice* (p. II-4), juntamente com o tráfico de drogas ilícitas, alcança 48% das atividades do *attorney general* (2004).

484 Discurso do *attorney general* lorde Goldsmith, disponível em <www.islo.gov.uk/apeeche/tackling%20fraud.htm> revela dados fornecidos pelo Fraud Advisory Panel (p. 01).

ciou o ingresso em juízo de ação coletiva em favor de milhares de consumidores que, em sua opinião jurídica, seriam lesados nas recontratações de seus planos.[485] O promotor Júlio Machado (do Ministério Público), imbuído da fiscalização da legalidade, instaurou inquérito para apurar o envio de cartas das seguradoras aos clientes, como coação ilegal para mudanças contratuais e aceitação de abusos.[486]

Os novos direitos políticos se opõem ao Estado e à política, à medida que eles advêm, de um lado, da constitucionalização dos governos e, de outro lado, da excepcionalização das imunidades.

A novidade é que as constituições, leis máximas em cada país, vêm-se estendendo às minúcias do exercício governamental, como a conduta pública do alto escalão e a regularidade de políticas públicas específicas. A prerrogativa da imunidade atribuída à "classe política", por atos cometidos fora dos cargos ou mesmo neles, deixa de ser a regra no exercício dos mandatos, passando a ser, excepcionalmente, admitida.

O clamor por ética pública que se espraia pelo Ocidente, da proliferação de regras de conduta para o aparelho executivo norte-americano[487] à destituição formal de chefes de governo (como o presidente Collor no Brasil),[488] incluindo a anulação (por inconstitucionalidade) recente da legislação que imunizava o primeiro-ministro Berlusconi na Itália, não pode ser, simplisticamente, atribuído às injunções políticas da conjuntura de cada país. Sua generalização e magnitude assumidas, em termos historicamente incomparáveis, revelam uma preferência inequivocamente progressiva da sociedade na substituição da política pelo direito.

A luta por direitos sociais continua, agora percebidos estes como inerentes à dinâmica regular do aparato estatal e/ou da operação empresarial (**opondo-se ao Estado e ao mercado**), em vez de condicionar seu exercício, respectivamente, a decisões governamentais e conquistas sindicais.

Assim, o anúncio pela 15ª Conferência Internacional sobre Aids (12 de julho de 2004), em Bangcok, Tailândia, de 5 milhões de novos casos em 2003 (mais do que em qualquer outro ano) impulsionou a adoção do programa brasileiro de acesso universal às tecnologias de combate à epidemia (quebrando patentes) na iniciativa da OMS, que prevê tratamento anti-HIV para 3 milhões de pessoas nos países pobres.[489]

---

[485] Matéria do jornal *O Globo*, p. 34, de 11-7-2004.
[486] Matéria do jornal *O Globo*, p. 34, de 11-7-2004.
[487] Ver capítulo 1.
[488] Id.
[489] Matéria do jornal *O Globo*, p. 41, de 11-7-2004.

Essa mudança de paradigma, segundo Paulo Teixeira[490] (um dos criadores do programa brasileiro e da iniciativa da OMS), também se expressa na valorização jurídica dos medicamentos genéricos (que não embutem custos de propaganda e são economicamente mais acessíveis) em diversos países, com a obrigatoriedade de sua indicação pelos médicos (inserindo-os no mercado) ou com sua adoção obrigatória, pelos departamentos oficiais (inserindo-os no Estado).

Além do direito à saúde, também o direito ao trabalho vem sendo reelaborado, após as reduções do tempo de trabalho serem abertamente questionadas pelo governo francês e pelas empresas alemãs (lideradas pela Siemens).

Diante do reconhecimento de Paul Swaim, da Organização para a Cooperação e o Desenvolvimento Econômico (OCDE), de que a introdução da jornada de 35 horas semanais, nos anos 1990, foi geradora de novos empregos (principalmente na França), John Messenger, da OIT (Organização Mundial do Trabalho), propôs uma espécie de indexação flexível (e jurídica) da economia como solução para o impasse: a flexibilização do uso das horas de trabalho, a fim de que os trabalhadores devam trabalhar mais quando a demanda crescer, e menos quando não for preciso.[491]

A inserção do Bird (Banco Mundial) nos programas sociais do governo brasileiro importou na obrigação de focalizar as medidas de combate à pobreza, coincidindo com a classificação de Millon Khotari, relator da ONU sobre direito à moradia (direito social fundamental), de uma localidade brasileira (Vila Imperial) como a mais precária para habitação no planeta.[492]

Nesse sentido, o Bird investiu num cadastro único que vincularia as ações governamentais numa "bolsa-família" (apoiando os núcleos familiares que mantenham crianças na escola), considerada exemplar, pela ONU,[493] como modelo de inclusão social mais duradoura, em virtude do direito, conferido aos cadastrados, associado à educação continuada dos filhos.

Uma cidadania para a justiça

Há duas conseqüências institucionais que devem ser destacadas nesse avanço do direito, preenchido por valores morais, sobre o Estado e o mercado. A **centralidade do Judiciário** e a **universalização dos procedimentos jurídicos.**

---

490 Matéria do jornal *O Globo*, p. 41, de 11-7-2004.
491 Ibid., p. 36.
492 Ibid., p. 32.
493 Ibid.

A centralização do Judiciário é uma inovação institucional, porque não prevista na arquitetura do estado moderno. Afinal, tanto no regime parlamentar quanto no regime presidencial de governo, o Poder Judiciário foi concebido como a última *ratio* ou instância do sistema e não como sua chave de funcionamento, que seriam, respectivamente, o Legislativo ou o Executivo.

A iniciativa que aciona a dinâmica do Estado residia nos poderes políticos com responsabilidade governamental, cabendo ao Judiciário, neutro ou cúmplice dos valores que animam o governo, pronunciar-se ao fim do processo decisório, e não como seu condutor.

Pois é exatamente o que ocorre quando a justiça, como valor condicional[494] que é, se associa a valores morais universais, tornando o Judiciário seu depositário e foco de emanação. A justiça desloca a política como seu parâmetro de decisão, mobilizando o Judiciário **imediatamente** nos assuntos de interesse difuso da sociedade.

Exemplo dessa centralidade do Judiciário é o papel exercido pelos magistrados brasileiros nos interesses difusos relacionados à saúde.

Segundo a Defensoria Pública do Rio de Janeiro, 50 pacientes com infecções oportunistas buscam, diariamente, o auxílio judicial.[495] Ingrid Carvalho, advogada da organização não-governamental Pela Vida, de apoio a portadores de HIV, articulava, desde fins de 2003, outras entidades para buscar novas medidas dos juízes para a distribuição dos medicamentos e fornecimento de assistência apropriada.[496] Em todos os casos, o réu é o Estado.

Outro exemplo da centralidade assumida pelo Judiciário, quando o tema adquire magnitude difusa na sociedade em detrimento da política governamental de saúde, é a conversão – ainda que informal e momentânea, mas efetiva – das autoridades governamentais **incumbidas das decisões políticas** sobre a organização da assistência médica privada em advogados da sociedade brasileira.

Em julho de 2004, Humberto Costa, então ministro da Saúde, anunciou que o governo federal brasileiro, após várias tentativas frustradas de disciplinar os preços praticados pelos serviços médicos, ingressara com ação judicial[497] para proteger centenas de milhares de usuários, a qual surtiu o efeito desejado.

---

494 "As idéias de justiça são princípios gerais de comparação e classificação (...): a cada um a mesma coisa; a cada um segundo seus méritos; a cada um segundo sua excelência; a cada um segundo sua categoria" (Heller, 1998:175).

495 Matéria do *Jornal do Brasil*, p. A18, de 28-7-2004.

496 Id.

497 Ibid., p. A19.

No campo da economia, a Justiça, como guardiã de valores morais universais, também sustenta a judicialização do mercado, na medida em que a própria competição entre as empresas de grande porte se exerce **através do Judiciário**, mobilizando-o pelo envolvimento do interesse difuso da sociedade.

Foi o caso da suspensão, pela Corte Distrital de Tóquio, da megafusão entre a Mitsubishi Tokyo Financial e a UFJ, que criaria a maior empresa financeira mundial.[498] A intervenção judicial foi requerida pela rival Sumitomo Trust, que alegou acordo anterior para a compra de parte dos ativos da UFJ.

Outro caso exemplar foi a iniciativa da Telecom Itália no Fórum do Rio de Janeiro (27 de julho de 2004) para apurar a responsabilidade criminal de Michael G. Cherkasky e Carla Cicco, respectivamente, diretores (presidentes) da Kroll Associates e Brasil Telecom.[499] A empresa italiana, que disputara o controle do conglomerado brasileiro, fora objeto de investigação pela americana Kroll (especializada em espionagem empresarial).

A centralização atualmente conferida ao Judiciário pela ascensão do direito lhe impõe dois desafios:

- seus operadores (juízes, advogados e outros) precisam, cada vez mais, de uma reflexão jurídica aberta às demais ciências (e não só às sociais) e, portanto, sem a pretensão de auto-suficiência que a marcou durante a modernidade;
- a desformalização de seus procedimentos[500] exige ser impulsionada, para manter e ampliar sua legitimidade perante os vários litigantes (autores, réus etc.).

Ambas as exigências decorrem da complexidade social propiciada, direta ou indiretamente, pela expansão dos interesses difusos.

A generalização dos procedimentos jurídicos é outra conseqüência institucional importante do avanço do direito ético sobre o Estado e o mercado. A universalização da justiça pela injeção de valores morais, tidos como superiores às instituições, está na base da criação de novas ou renovação de outras, inclusive tradicionais.

Neste sentido, Harriet Harman (*solicitor general* da Grã-Bretanha) postulou, em 2002, maiores intervenções judicial e policial nas relações familiares, em virtude da reprodução ampliada da violência doméstica (principalmente os assassinatos) na sociedade britânica.[501]

---

[498] Matéria do *New York Times* de 28-7-2004.

[499] Matéria do *Jornal do Brasil*, p. A3, de 28-7-2004.

[500] A desformalização dos procedimentos judiciais caracterizaria a "onda" atual de acesso à Justiça, segundo Cappelletti (1988).

[501] Discurso da *solicitor general* Harriet Harman (*Preventing domestic murder*) no seu site oficial: <www.islo.gov.uk/speeches/speech%20ACPO.htm>.

A justiça também prevalece sobre a política quando a segurança nacional norte-americana se sujeita às intervenções da "Comissão Independente do 11 de setembro" (com a anuência do Executivo e do Congresso), constituída após o atentado praticado naquela data. Em 2004 (com três anos de funcionamento), ela já se pronunciara **com valor oficial** sobre falhas da política que permitiram a catástrofe. A estruturação de uma agência permanente independente (em detrimento do Pentágono) e seu fortalecimento foram defendidos pelos candidatos principais à presidência da República.[502]

Já a renovação de instituição, pela propulsão contemporânea do direito, se revela na intervenção do Tribunal de Contas da União (TCU) – tradicionalmente um órgão meramente auxiliar do Legislativo brasileiro (Congresso Nacional) que se limitava a publicar e repassar informações – sobre a destinação dos medicamentos para a hepatite C no Rio de Janeiro[503] (julho de 2004). Com a denúncia da organização não-governamental "grupo Otimismo" (de apoio aos portadores da doença), auditores do TCU se deslocaram ao Rio de Janeiro para apurar a política praticada pela autoridade[504] pública estadual.

Deve-se ressaltar, ainda, que o impacto institucional da cidadania de direitos difusos que se espraia pelo Ocidente não cancela as diferenças pelas quais as diversas sociedades adaptam suas instituições para incrementar sua governança das questões sociais.

De modo geral, porém, as comparações institucionais detectadas revelam, no amplo espectro das instituições modernas do Ocidente, uma polaridade representada, de um lado, pelo contexto britânico e, de outro lado, pelo brasileiro. Todos os demais contextos institucionais (nos vários continentes) apresentam soluções intermediárias para a governança de seus interesses difusos.

No contexto institucional britânico, o "Ocidente clássico", onde a capacitação das instituições para lidar com os interesses difusos se caracteriza pelo aperfeiçoamento do sistema existente (e milenar) sem cancelar qualquer parcela do mesmo. Assim, desde 1º de abril de 2005 foi inaugurada uma nova agência institucional (criada pela Courts Act de novembro de 2003) para o incremento do sistema judiciário. Intitulada Her Majesty's Court Service, ela resulta de uma unificação e coordenação dos diversos órgãos judiciais, inédita na história britânica.[505]

---

[502] O fortalecimento da Comissão Independente foi defendido pela Convenção Democrata, segundo matéria do *New York Times* e *The Guardian* (Sidney Blumenthal), de 25-6-2004.

[503] Matéria do *Jornal do Brasil*, p. A18, de 28-7-2004.

[504] Ibid.

[505] Apresentação do Her Majesty's Court Service (Department for Constitutional Affairs) no site oficial: <www. hmcourts-service.gov.uk>.

A HMCS integra um movimento de reforma institucional denominado NES (National Enforcement Service) com os objetivos explícitos de promover maior visibilidade aos procedimentos judiciais (especialmente criminais) como meio de ampliar a confiança popular no sistema; aproximar cortes e polícia e amalgamar as justiças civil e penal. A referência à Coroa Britânica, dado seu simbolismo nacional, exprime o compromisso suprapartidário com o programa.[506]

No contexto institucional brasileiro, o "Ocidente invertido", a capacidade para lidar com os interesses difusos se caracteriza pela requalificação das funções atribuídas aos organismos existentes. Assim, a especialização da jurisdição marca a interminável reforma judiciária no país, abrangendo desde a previsão de juízes para conflitos agrários e a discussão de tribunais ambientais até a federalização dos crimes contra direitos humanos.[507]

As pesquisas apresentadas nos capítulos precedentes corroboram a detectada polaridade britânico-brasileira como abrangente do amplo espectro das reformas institucionais empreendidas para equacionar os direitos difusos da cidadania no Ocidente, para além das relativas aos sistemas de justiça. Novamente, os demais contextos ocidentais apresentam experiências reformadoras entre as opções britânica e brasileira de regulação jurídica sobre as instituições políticas e econômicas.

Assim, as reformas britânicas se caracterizariam pelo **rearranjo das estruturas** com a manutenção das funções institucionais, de modo que as mudanças praticadas incidem sobre os arcabouços das instituições como meio pelo qual se aprimoraria o desempenho das funções existentes. A governança dos interesses difusos se incrementaria através da contínua e progressiva adaptação das estruturas às funções (originárias) tradicionais das instituições.

Por seu turno, as reformas brasileiras se caracterizariam pela **redefinição das funções** com a manutenção das estruturas institucionais, de modo que as mudanças praticadas incidem sobre as finalidades das instituições como o meio pelo qual se aprimora o desempenho das estruturas existentes. A governança dos interesses difusos se incrementaria através da constante reorientação das funções atribuídas às estruturas institucionais, permitindo-se a ampliação, a redução ou mesmo a substituição do objeto (tema) de suas atividades.

---

506 *The history of Her Majesty's Courts Service* e notícia sobre o início de seu funcionamento("HCMS begins today"), com a esperança de lorde Falconer (secretário de Estado para Assuntos Constitucionais) na flexibilidade dos serviços judiciários pretendida com a unificação de seus órgãos.

507 Madeira (2002). Ver também a Emenda Constitucional nº 45/2004 e arts. 98 e 126 da Constituição Federal Brasileira.

A submissão das estruturas às funções institucionais se revela na governança britânica dos interesses difusos, conforme as experiências (expostas nos capítulos anteriores) pelas quais:

- a "jurisdição universal" de direitos humanos emergiu da cúpula do sistema judicial (a admissão de julgamento do general Pinochet, por crimes contra a humanidade, na Câmara dos Lordes);
- o processo (ainda em curso) da instauração de uma corte suprema externa ao Parlamento, cujo debate (na Câmara dos Lordes) aponta para sua liderança por um lorde chanceler;
- a separação absoluta (mantida) entre o *ombudsman* parlamentar e o Ministério Público (*attorney general* e *solicitor general*) no exercício de fiscalização da legalidade, cujo incremento depende, diretamente, da coordenação entre as várias instituições envolvidas, como nas conferências de justiça urbana promovidas pela polícia metropolitana de Londres (a 3ª Conferência ocorreu em 28 de junho de 2005);[508]
- a preservação da imunidade parlamentar se combina, desde 1996, com a profusão de códigos de conduta disciplinar mais rígidos nas câmaras legislativas;
- as agências reguladoras funcionam como provedoras de referências públicas, concentrando-se no estabelecimento de padrões que não interferem no mercado, a fim de compensar as deficiências de visibilidade dos cidadãos quanto à dinâmica da economia. É o caso exemplar da Financial Services Authority (FSA), cujos poderes reguladores foram conferidos pelo Parlamento britânico em 2000, que impulsiona a circulação de informações econômicas entre empresas e consumidores, como meio de proteção de suas relações.[509]

Já a submissão das funções às estruturas institucionais se revela na governança brasileira dos interesses difusos, conforme as experiências (relacionadas nos capítulos anteriores) pelas quais:

- a "jurisdição universal" sobre direitos humanos emergiu da base do sistema judicial (a reciprocidade de tratamento a turistas norte-americanos decidida pelo juiz federal Julier Sebastião da Silva);

---

[508] Apresentada no site oficial <www.govnet.co.uk/urbanjustice/programme.htm>. O mesmo tema consta de discurso da *solicitor general* Harriet Harman, intitulado *Urban justice, delivering justice: a matter of confidence*, disponível em <www.harrietharman.labour.co.uk>.
[509] Apresentação da instituição no site <www.fsa.gov.uk>.

- a acumulação, pelo Supremo Tribunal Federal (STF), das condições de cúpula judicial e de guardião constitucional. Desde 1988, é o único tribunal no mundo a acumular, totalmente, ambas as funções (o que se aprofundou a partir de 1999);
- a fusão absoluta (a partir de 1988) entre *ombudsman* e fiscalização da legalidade, ao se conferir ao Ministério Público a postulação de **quaisquer** interesses difusos da sociedade brasileira. Por este motivo, tornou-se o único *parquet* com independência perante todos os poderes do Estado, no mundo;
- a excepcionalização da imunidade parlamentar, que não mais existe **como regra** nas prerrogativas legislativas. À proibição de renúncia do mandato durante os processos de cassação (1994), seguiu-se o estabelecimento de rigidez para sua concessão (2001), deixando de ser automática e intrínseca ao *status* de deputado ou senador;
- **todas** as agências reguladoras (e não só a especializada na análise dos monopólios empresariais) funcionam como indutoras das dinâmicas de mercado, pela promoção da concorrência que consideram adequada (principalmente à noção de responsabilidade social). Neste sentido, as instituições brasileiras se destacam, ainda, por sua inserção direta nos contratos públicos celebrados, inclusive, freqüentemente, como parte formal da negociação.

No plano internacional, cabe ressaltar que o importante acordo (em agosto de 2004) sobre desativação de subsídios dos países desenvolvidos às suas empresas, beneficiando as economias em desenvolvimento, também se deve à Justiça imbuída de valores universais, já que a correlação internacional de forças não é favorável aos países do Terceiro Mundo. A negociação foi patrocinada por Supachai Panitchpakdi e Shotaro Oshima, como diretores da OMC (Organização Mundial do Comércio),[510] cuja legitimidade decorre da necessidade imperiosa de regulação das transações globais, dada a acentuação contemporânea da volatilidade no mercado mundial (com a globalização em curso). Nesse sentido, o acordo corresponde mais a uma conciliação obtida sob uma arena independente (a OMC), tal como ocorre nos processos judiciais que conciliam as partes.

Uma cidadania para a interdependência

Portanto, a universalização dos procedimentos jurídicos é a constituição, oficial ou não, de instâncias públicas externas ao Judiciário que funcionam segundo a lógica do direito.

---

[510] Matéria do *New York Times* de 3-8-2004.

Assim, a "Comissão Independente do 11 de setembro" **é um tribunal** que julga, desde aquela data, a política de segurança nacional, como guardiã dos interesses difusos da sociedade norte-americana. O Ministério da Saúde brasileiro **foi um advogado** dos interesses difusos da sociedade brasileira, ao ingressar com a ação coletiva que sustou os abusos contratuais de planos de assistência médica privada. O Tribunal de Contas da União (apesar do nome, um órgão administrativo do Poder Legislativo brasileiro) **foi um ministério público** ao apurar e intervir na destinação dos medicamentos de hepatite C, em defesa do interesse difuso da sociedade no seu tratamento. A Organização Mundial do Comércio **tem sido um tribunal**, inclusive ao promover ajustes inclusivos das economias em desenvolvimento, atendendo ao interesse difuso da sociedade global emergente.

A cidadania proveniente dos interesses difusos da contemporaneidade é, portanto, **convergente** e **instituinte**, duas características que a distinguem da experiência moderna, na qual há direitos distintos e inconfundíveis (civis, políticos, sociais), bem como se originam das instituições públicas da modernidade: os direitos civis vieram da consolidação do Judiciário, os direitos políticos vinculam-se ao desenvolvimento do Legislativo, os direitos sociais à evolução dos programas governamentais do Executivo.

A convergência na reelaboração contemporânea da cidadania significa a interpenetração dos vários direitos. Em função da generalização de situações, que caracteriza os interesses difusos, há interdependência objetiva entre os direitos civis, políticos e sociais.

Também é uma cidadania instituinte porque desafia as instituições existentes, apontando para o esgotamento de muitas, a superação de várias (renovando-as) e a criação de outras, mais adequadas. É uma cidadania que não provém de instituições, as quais, pelo contrário, estão sendo refundadas por ela.

É o caso exemplar das tarifas de eletricidade discutidas em junho de 2004, no Brasil. As empresas fornecedoras de energia vinham aplicando valores arbitrados pela Aneel (Agência Nacional de Energia Elétrica), até que um estudo, realizado pelo TCU, revelou que a fixação anterior das tarifas não considerava alguns benefícios fiscais, concedidos às empresas, em seus cálculos.[511]

O resultado foi a afluência de entidades civis e instituições públicas de defesa dos consumidores, com base na apuração efetuada pelo TCU, à Aneel, que anunciou a iniciativa de programar, junto às empresas, descontos compensatórios aos

---

[511] Matéria do *New York Times* de 3-8-2004.

usuários, para daí em diante.[512] Que significa esse episódio, em termos de cidadania contemporânea, sobre o acesso à energia como interesse difuso da sociedade?

O caráter convergente da cidadania se exprime na fusão das várias demandas por direitos na mesma situação. Sua natureza civil advém da relação contratual entre fornecedores e consumidores, vinculando o índice de reajustes ao princípio jurídico de equilíbrio das partes contratantes. Sua natureza social advém da prestação de serviço público (por empresas privadas), vinculando as tarifas ao princípio jurídico da modicidade (no sentido de que devam ser módicas, ou seja, as mais baixas possíveis para que, além do funcionamento do sistema, assegurem o máximo acesso pelos usuários).

Sua natureza política (como direito de participação nas decisões de impacto geral) também revela seu caráter instituinte como cidadania. Envolveu uma instituição pública, dotada de independência funcional perante os poderes do Estado (a Aneel), **criada** para a regulação dos serviços privatizados em 1997; bem como a **atribuição de um novo papel** para uma instituição tradicional (o TCU), vinculada, embora autônoma em suas funções, ao Poder Legislativo (portanto, de representação política).

O Tribunal de Contas da União, apesar do nome, não integra o Judiciário, sendo uma instância de avaliação técnica auxiliar do Legislativo e incumbida da fiscalização de legalidade da administração pública, inclusive (no caso) dos cálculos efetuados pela Aneel. Isto é, o trato do interesse difuso (no acesso da energia elétrica) importou na criação de nova instituição pública (a Aneel) e na reorientação progressiva de outra (o TCU), integrante da secular tradição republicana brasileira.

A justiça se universaliza, mais rapidamente, como parâmetro, quanto mais difuso é o interesse da sociedade, como na exploração nuclear nos EUA.

O risco de 50% para eventual acidente na usina de Hanford (Washington) foi apurado pela NRC (como comissão independente reguladora nuclear), que acionou o escritório de contabilidade do governo (agência investigadora autônoma, embora vinculada ao Congresso), cuja medida foi questionar sua previsão de funcionamento a partir de 2011.[513]

A chance de vazamento radioativo antes de 2028, avaliada pela NRC, passou a ser um vetor prevalecente sobre o contrato público firmado entre o Departamento de Energia norte-americano e a Brehtel National (empresa contratada), abrindo a possibilidade de revisão da licitação para a construção da usina.[514] Mais

---

[512] Matéria do jornal *O Globo*, p. 27, de 1-6-2004.
[513] Id.
[514] Matéria do *New York Times* de 27-7-2004.

uma vez, a natureza política (direito de participação via órgão representativo), se confunde com a natureza social da cidadania (segurança do fornecimento energético).

Creio, assim, estar em curso uma alteração fundamental nas relações entre Estado, direito e mercado como ingredientes da regulação social. Na modernidade, o direito é a fronteira entre Estado e mercado,[515] cuja tensão permanente descarregava seus impactos na esfera jurídica:

Estado [Direito] Mercado

Mas a histórica e recorrente tensão entre mercado e Estado não tornou o direito apenas a confluência de suas disputas. Também foi o instrumento principal das batalhas entre Estado e mercado ao longo da história moderna: as regulamentações burocráticas das políticas mercantilistas, os preceitos jusnaturalistas (não-escritos) de limitação dos governos, as regras positivadas para fixação da jornada de trabalho, as salvaguardas contratuais aos investimentos nos serviços privatizados.

A freqüente utilização política e/ou mercantil do elemento jurídico **o desenvolveu** acentuadamente na modernidade, habilitando-o a assumir, contemporaneamente, o papel de eixo da convergência atual entre Estado e mercado:

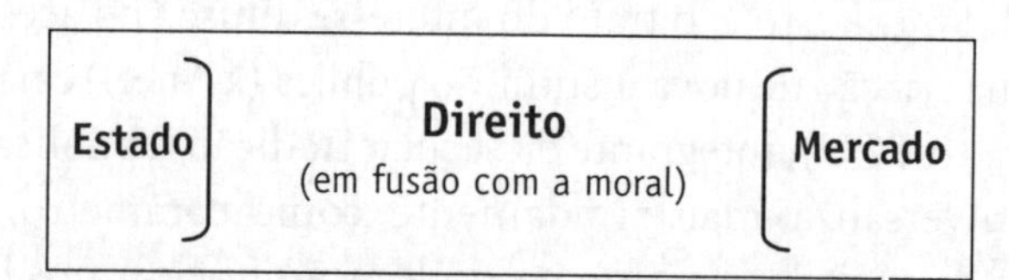

O encontro entre a tendência social moderna de autonomização da esfera jurídica e a tendência social contemporânea de ascensão dos interesses difusos converte o direito no eixo da sociabilidade, ao lhe conferir força vinculante do Estado e do mercado. Cessando, progressivamente, sua tensão histórica, o direito os transforma em **seus** instrumentos para a aplicabilidade (*enforcement*) de suas normas, com a percepção de políticas públicas e empresas privadas como meros institutos jurídicos, entre outros. Para o bem e para o mal, o direito está se tornando o único fluxo regulador da contemporaneidade.

[515] Weber, 1978, cap. 7.

Referências bibliográficas

AGOSTINHO, Márcia E. *Complexidade e organização.* Rio de Janeiro: Atlas, 2003.

ALEXY, Robert. *Colisão e ponderação na dogmática dos direitos fundamentais.* Rio de Janeiro: Casa de Rui Barbosa, Ministério da Cultura, 1998. ms.

ALVARES, Alejandro Bugallo. CVM, instância reguladora independente? *Direito, Estado e Sociedade,* Rio de Janeiro: PUC, n. 3, 1993.

ANDRADE, José Carlos Vieira de. *Os direitos fundamentais na Constituição portuguesa de 1976.* Coimbra: Almedina, 1987.

ARAÚJO, Luís Ivani de Amorim. *Direito internacional penal.* Rio de Janeiro: Forense, 2000.

ARENDT, Hannah. *A condição humana.* Rio de Janeiro: Forense Universitária, 1987.

ARNT, Ricardo. Febre reguladora. *Exame,* jan. 2002.

BACHOF, Otto. *Normas constitucionais inconstitucionais?* Coimbra: Almedina, 1994.

BARKER, Robert S.; VAUGHN, Robert. Temas de democracia-governo responsável. *USINFO.STATE.GOV,* v. 5, n. 2, ago. 2000. Disponível em: <www.usinfo.state.gov>. Acesso em: 20 ago. 2003.

BETTI, Emilio. *Teoria general del negocio jurídico.* Madrid: Revista de Derecho Privado, 1943.

BOBBIO, Noberto. Ética e política. *Lua Nova*, São Paulo: Cedec, n. 25, 1992a.

___________ *Teoria do ordenamento jurídico*. Rio de Janeiro: Campus, 1992b.

BOSCHI, Renato R.; LIMA, Maria Regina Soares de. O Executivo e a construção do Estado no Brasil. In: VIANNA, Werneck (Org). *A democracia e os três poderes no Brasil*. Belo Horizonte: UFMG, 2003.

CANOTILHO, J. J. Gomes. *Constituição dirigente e vinculação do legislador*. Coimbra: Coimbra, 1994.

CAPPELLETTI, Mauro; GARTH, Bryant. *Acesso à Justiça*. Porto Alegre: Sergio Fabris, 1988.

CASTELLS, Manuel. *A sociedade em rede*. São Paulo: Paz e Terra, 1987.

CERRONI, Umberto. *Política*. São Paulo: Brasiliense, 1993.

CHESNAIS, François. *A mundialização do capital*. São Paulo: Xama, 1996.

COMPARATO, Fábio Konder. *A afirmação histórica dos direitos humanos*. São Paulo: Saraiva, 1999.

DAHL, Robert A. *Um prefácio à teoria democrática*. Rio de Janeiro: Zahar, 1978.

DELGADO, Maurício Godinho. Política: introdução ao fenômeno. In: *Revista Brasileira de Estudos Políticos*, UFMG, n. 76, 1993.

DE MASI, Domenico. *Desenvolvimento sem trabalho*. São Paulo: Esfera, 1999.

DE SWANN, Abraham. *In care of the State*. New Jersey: Press University, 1965.

DIAS, Clarence. Indivisibilidade. In: PINHEIRO, Paulo Sérgio (Org). *Direitos humanos no séc. XXI*. Rio de Janeiro: Ipri, 1999.

DUTRA, Pedro. O Estado regulador brasileiro. *Monitor Público*. Rio de Janeiro: Iuperj, Ucam, 1999.

ERSKINE, May. *Parlamentary pratice*. London: Butterworths Tolley, 1989.

ESPING-ANDERSEN, Gosta. *The 3 worlds of welfare capitalism*. Cambridge, UK: Polity Press, 1990.

FORGIONI, Paula. *Os fundamentos do antitruste*. São Paulo: RT, 1998.

FREUD, Sigmund. Esboço de psicanálise (cap. 1). In: *Os pensadores*. São Paulo: Abril Cultural, 1974a.

___________. *Obras completas*: edição standard brasileira. Rio de Janeiro: Imago, 1974b. v. 19.

GARCIA, Flávio. Os grupos de sociedades sob a ótica da defesa da concorrência. *Revista de Direito da Procuradoria-Geral do Estado do Rio de Janeiro*, n. 56, 2002.

GARRAFA, Vôlei; COSTA, Sérgio Ibiapina F. (Orgs.). *A bioética no século XXI.* Brasília: UnB, 2001.

GIDDENS, Anthony; PIERSON, Christopher (Orgs.). *O sentido da modernidade.* Rio de Janeiro: FGV, 2000.

GRABOSKY, Peter. Cibercrime. *Cadernos Adenauer*, São Paulo, n. 6, 2003.

GRAMSCI, Antonio. *Maquiavel, a política e o Estado moderno.* Rio de Janeiro: Civilização Brasileira, 1984.

HÄBERLE, Peter. *Hermenêutica constitucional:* a sociedade aberta dos intérpretes da Constituição. Porto Alegre: Sergio Fabris, 1997.

HABERMAS, Jürgen. *Der philosophische diskurs der moderne.* Suhrkamp: Zwolf Vorlesungen, 1985.

HÄDE, Ulrich. Protection of foreign direct investment in international law. *Law and State Review*, Tübingen: Institute for Scientific Co-operation, v. 58, 1998.

HAURIOU, Maurice. *Précis de droit constitutionnel.* Paris: Sirey, 1929.

HAYEK, Friedrich. Liberalismo: palestras e trabalhos. *Cadernos Liberais*, São Paulo, Instituto Friedrich Naumann, n. 5, 1994.

HELLER, Agnes. Ética da cidadania e virtudes cívicas e Justiça social e seus princípios. In: *A condição política pós-moderna.* Rio de Janeiro: Civilização Brasileira, 1998.

HESSE, Konrad. *Escritos de derecho constitucional.* Trad. Pedro Cruz Villaalon. 2. ed. Madrid: Centro de Estudios Constitucionales, 1992.

HIRSCHMAN, Albert O. *As paixões e os interesses.* Rio de Janeiro: Paz e Terra, 1979.

HIRST, Paul. *Associative democracy.* Massachussets: University of Massachussets Press, 1994.

IACOMETTI, Miryan. La giurisprudenza del Tribunale Costituzionale spagnolo nell ano 1990. In: *Giurisprudenza Costituzionale,* XXXVI, fasc. 5, sett./ott. 1991.

KEANE, John. Transformações estruturais da esfera pública. *Comunicação e Política*, v. III, n. 2, maio/ago. 1996.

KELSEN, Hans. *Teoria geral do direito e do Estado.* Lisboa: Martins Fontes, 1978.

___________. *Teoria geral das normas.* Porto Alegre: Fabris, 1986.

KING, Desmond. *The new right.* London: Macmillan Education, 1987.

KONZEN, Horst. O sistema de gestão participativa na RFA. *Papers*, Fundação Konrad Adenauer, n. 15, 1994.

LAFERRIERE, Julian. *Manuel de droit constitutionnel.* Paris: Donat Montchrestien, 1947.

LÉVY, Pierre. *A inteligência coletiva.* São Paulo: Loyola, 2003.

LINDBLOM, Charles. *Política e mercados.* Rio de Janeiro: Zahar, 1976.

LOPES, Júlio Aurélio Vianna. Meio ambiente e política: tradição reguladora e aspectos redistributivos emergentes. *Estudos*, Rio de Janeiro: Iuperj, n. 90, 1994.

__________. *Democracia e cidadania:* o novo Ministério Público brasileiro. Rio de Janeiro: Lumen Juris, 2000.

LUCHAIRE, François. La loi constitutionelle du 4 août 1995, une avancée pour la démocratie? *Revue du Droit Public et de la Science Politique en France et à L'etranger*, Paris, n. 6, p. 1413-1454, 1995.

MACCHIAVELLI, Nicoló. *O príncipe.* São Paulo: Nova Cultural, 1999.

MADEIRA, Wilson (Org.). *Direito e justiça ambiental.* Niterói: PPGSD/UFF, 2002.

MAFFESOLI, Michel. *Elogio da razão sensível.* Rio de Janeiro: Vozes, 1998.

MARENCO, Giuliano. Le regime de l'exception légale et sa compatibilité avec le traité. In: VILLAÇA, José Luís da Cruz. A modernização da aplicação das regras comunitárias de concorrência segundo a Comissão Européia. *Boletim da Faculdade de Direito da Universidade de Coimbra*, volume comemorativo, 2003.

MARSHALL, T. H. *Cidadania, classe social e status.* Rio de Janeiro: Zahar, 1967.

MAUS, Ingeborg. Judiciário como superego da sociedade. *Novos Estudos Cebrap*, São Paulo, n. 58, 2000.

McCORMICK, John. *Rumo ao paraíso:* a história do movimento ambientalista. Rio de Janeiro: Relume-Dumará, 1992.

__________. *História do movimento ambientalista.* Rio de Janeiro: Campus, 1994.

MENDEZ, Juan E. Proteção internacional dos direitos humanos. In: PINHEIRO, Paulo Sérgio (Org). *Direitos humanos no séc. XXI.* Rio de Janeiro: Ipri, 1999.

MIGUEL, Luis Felipe. Moral e política: a atualidade de Maquiavel. In: *Archetypon*, Rio de Janeiro: Ucam, n. 23, 2000.

MORIN, Edgar. *Para sair do século XX.* Rio de Janeiro: Nova Fronteira, 1986.

NAJMANOVICH, Denise. *O sujeito encarnado.* Rio de Janeiro: DP&A, 2001.

NOZICK, Robert. *Anarquia, Estado e utopia.* Rio de Janeiro: Jorge Zahar, 1991.

PANTOJA, Teresa Gonçalves. Os conceitos norte-americanos de *creditworthiness* e *equityworthiness* como reflexos da mudança de paradigma. *Direito, Estado e Sociedade,* Rio de Janeiro: PUC, n. 19, 2001.

PASUKANIS, E. B. *A teoria geral do direito e o marxismo.* Rio de Janeiro: Renovar, 1989.

PICHON-RIVIÉRE, Enrique. *O processo grupal.* São Paulo: Martins Fontes, 2000.

POLANYI, Karl. *A grande transformação.* Rio de Janeiro: Campus, 2000.

REISINGER, William M. The global expansion of judicial power [resenha]. *Law and Politics Book Review,* v. 6, n. 1, 1999.

RIBEIRO, Renato Janine. *A última razão dos reis.* São Paulo: Cia. das Letras, 1993.

ROMANO, Santi. *Princípios de direito constitucional geral.* São Paulo: Revista dos Tribunais, 1997.

ROUSSEAU, Dominique. *Sur le Conseil Constitutionnel:* la doctrine badinter et la démocratie. Paris: Descartes & CIE, 1997.

SALOMÃO FILHO, Calixto. *O novo direito societário.* São Paulo: Malheiros, 1998.

SAMPAIO JR., Tércio. Constituição e ideologia. In: *Reforma Constitucional.* Rio de Janeiro: Fundação Casa de Rui Barbosa, 1997.

SANTOS, Boaventura de S. Os tribunais nas sociedades contemporâneas. *Revista Brasileira de Ciências Sociais,* São Paulo, Anpocs, n. 30, 1996.

SARLET, Ingo (Org.). *A constituição concretizada.* Porto Alegre: Livraria do Advogado, 2000.

SCHMITT, Carl. *O conceito do político.* Rio de Janeiro: Vozes, 1993.

SHAPIRO, Martin. *Courts.* Chicago: University of Chicago Press, 1986.

SIEYÉS, Emmanuel (Org.). Preliminar de la Constitucion [1784]. In: Ecrits politiques de Sieyés. *Enzaperm.* Paris: Presses Universitaires de France, 1984.

SOUTO, Marcos Juruena V. *Desestatização.* Rio de Janeiro: Lumen Juris, 2001.

TATE, C. Neal; VALLINDER, Torbjorn (Orgs.). *The global expansion of judicial power.* New York: New York University Press, 1995.

URBANO, Maria Benedita. O âmbito material das imunidades parlamentares: poder judicial vs classe parlamentar. *Boletim da Faculdade de Direito da Universidade de Coimbra,* 2003. Volume comemorativo.

VERDROSS, Alfredo. *Derecho internacional público*. Madrid: Aguilar, 1967.

VIANNA, Werneck; BURGOS, M. Revolução processual do direito. In: VIANNA, Werneck (Org.). *A democracia e os três poderes no Brasil*. Belo Horizonte: UFMG, 2003.

__________ et al. *A judicialização da política e das relações sociais no Brasil*. Rio de Janeiro: Revan, 1999.

VIEIRA, Oscar Vilhena. *Supremo Tribunal Federal* – jurisprudência política. São Paulo: Revista dos Tribunais, 1994.

VILLAÇA, José Luís da Cruz. A modernização da aplicação das regras comunitárias de concorrência segundo a Comissão Européia. In: *Boletim da Faculdade de Direito da Universidade de Coimbra*, 2003. Volume comemorativo.

WAHL, Rainer. A primazia da Constituição. *Revista de Ciência Política*, Rio de Janeiro: FGV, v. 29, 1986.

WARREN, Ilse-Scherer. Redes e espaços virtuais: uma agenda para a pesquisa de ações coletivas na era da informação. *Cadernos de Pesquisa do Programa de Pós-Graduação em Sociologia Política da UFSC*, Florianópolis, n. 11, 1997.

WEBER, Max. *Economy and society*. Berkeley: University of California Press, 1978.

WILSON, J. Q. *The politics of regulation*. New York: Basic Books, 1980.

WOODWARD, Herbert. *Capitalismo sem crescimento*. Rio de Janeiro: Zahar, 1976.

Esta obra foi impressa pela
Imprinta Express Gráfica e Editora Ltda. em papel offset
Paperfact - Suzano para a Editora FGV
em novembro de 2005.